U0781458

中華古籍保護計劃

ZHONG HUA GU JI BAO HU JI HUA CHENG GUO

·成果·

（漢）揚雄 撰

宋本方言

國家圖書館出版社

圖書在版編目(CIP)數據

宋本方言/(漢)揚雄撰.-- 北京:國家圖書館出版社,2017.3(2018.2重印)

(國學基本典籍叢刊)

ISBN 978-7-5013-6023-9

Ⅰ.①宋… Ⅱ.①揚… Ⅲ.①漢語方言—古方言—方言研究 Ⅳ.①H171

中國版本圖書館CIP數據核字(2017)第005949號

書　　名　宋本方言

著　　者　(漢)揚雄　撰

責任編輯　南江濤

封面設計　徐新狀

出　　版　國家圖書館出版社(100034　北京市西城區文津街7號)

(原書目文獻出版社　北京圖書館出版社)

發　　行　010-66114536　66126153　66151313　66175620

66121706(傳真)　66126156(門市部)

E-mail　nlcpress@nlc.cn(郵購)

Website　www.nlcpress.com→投稿中心

經　　銷　新華書店

印　　裝　北京市通州興龍印刷廠

版　　次　2017年3月第1版　2018年2月第2次印刷

開　　本　880×1230(毫米)　1/32

印　　張　6.75

書　　號　ISBN 978-7-5013-6023-9

定　　價　20.00圓

《國學基本典籍叢刊》編委會

《國學基本典籍叢刊》前言

國家圖書館出版社(原書目文獻出版社 北京圖書館出版社)成立三十多年來,出版了大量的中國傳統文化典籍。由於這些典籍的出版往往採用叢書的方式或綫裝形式,供公共圖書館和大學圖書館典藏使用,普通讀者因價格較高、部頭較大,不易購買使用。爲弘揚優秀傳統文化,滿足廣大普通讀者的需求,現將經、史、子、集各部的常用典籍,選擇善本,分輯陸續出版單行本。每書之前均加簡要説明,必要者加編目録和索引,總名《國學基本典籍叢刊》。歡迎讀者提出寶貴意見和建議,以使這項工作逐步完善。

國家圖書館出版社

二〇一六年四月

序言

漢語方言俗稱地方話，衹通行於一定的地域，它不是獨立於民族語之外的另一種語言，而衹是局部地區使用的語言。雖然衹是在一定的地域中通行，但方言本身卻也有一種完整的系統。方言都具有語音結構系統、詞彙結構系統和語法結構系統，能夠滿足本地區社會交際的需要。我國幅員遼闊，人口較多，語言情況比較複雜，按照現代通俗的分法，現代漢語方言可分爲七大方言區，即北方方言（官方方言）、吳方言、湘方言、客家方言、閩方言、粵方言、贛方言。漢語方言的研究，是當下語言學界的一個熱點。

漢代揚雄所撰《方言》一書，全稱《輶軒使者絶代語釋別國方言解》，存十三卷，六百多條，一萬一千九百多字。《方言》是我國漢語方言綜合彙編和研究的肇始之作，在世界語言學史上也是一部開闢的著作，自此而下，注釋、補充，續作不斷，綿延至今。

揚雄（前五三——一八）字子雲，蜀郡成都（今屬四川）人。揚雄少而好學，不爲章句，訓詁通而已。他爲人簡易佚蕩，口吃不能劇談，默而好深湛之思。清靜無爲，不汲汲於富貴，不戚戚於貧賤。長於文賦。年四十，遊京師。西漢成帝時曾爲給事黄門郎，及王莽篡位，談説之士用符命稱莽功德，封爵者衆，唯雄祇轉大夫。雄欲以文章成名於後世，故作《太玄》《法言》《訓纂》《州箴》《廣離騷》以及《甘泉》《河東》《校獵》《長楊》四賦。《漢書》本傳未提及揚雄作《方言》一事。東漢應劭《風俗通義序》云：『周、秦常以歲八月遣輶軒之使，求異代方言，還奏籍之，藏於秘室。及嬴氏之亡，遺脱漏棄，無見之者。蜀人嚴君平有千餘言，林閭翁孺才有梗概之法。揚雄好之，天下孝廉、衛卒交會，周章質問，以次注續，二十七年，爾乃治正，凡九千字。其所發明，猶未若《爾雅》之閎麗也，張竦以爲懸諸日月不刊之書。』此爲揚雄有《方言》之作的最早記載。晉葛洪《西京雜記》卷三云：『揚子雲好事，常懷鉛提槧，從諸計吏，訪殊方絶域四方之語，以爲裨補輶軒所載，亦洪意也。』東晉郭璞又注其書，因此皆謂《方言》爲揚雄作。

國家圖書館所藏宋慶元六年（一二〇〇）潯陽郡齋刻本《方言》傳世極罕，是現存《方言》的最早刻本。此本有李孟傳序，云：『西漢氏古書之全者，如《鹽鐵論》、揚子雲《方言》，其存蓋無幾。《鹽鐵論》，前輩每恨其文章不稱漢氏，唯《方言》之書最奇古。』『今《方言》自閩本外不多見，每惜其未廣。予來官尋陽，有以大字本見示者，因刊置郡齋，而附以所聞一二，蓋惜前輩之言久或不傳也。慶元庚申仲春甲子，會稽李孟傳書。』慶元庚申即慶元六年。序文説明李孟傳在尋陽做官時，曾以某大字本爲底本，將《方言》重刊於郡齋。

是本版框高二十一點六厘米，寬十五點二厘米。每半葉八行，行十七字，注文小字雙行同，白口，四周雙邊。卷内鈐有『華亭朱氏』『横經閣收藏圖籍印』『仁效』『顧仁效收藏圖書』『顧元慶鑒賞印』『揚州季氏』『季振宜藏書』等印記，前後有王闓運、繆荃孫、沈曾植、袁克文、鄧邦述、章鈺跋文。明清以來，迭經名家收藏。書從季振宜家散出後，二百餘年沉晦無聞，直到清末爲宗室盛昱意園得之。民國元年（一九一二），傅增湘從正文齋購得，最終入藏國家圖書館，二〇〇三年被收入《中華再造善本》出版。此次將原書掃描，列入《國學基本典籍叢刊》，影印爲平裝本，以饗廣大讀者。

南江濤

二〇一七年一月

目録

據國家圖書館藏宋慶元六年（一二〇〇）潯陽郡齋刻本影印原書版框高二十一點六厘米寬十五點二厘米

宋槧方言十三卷丙辰秋八月燕超室重装于海王邨洹上寒雲題

王姑宜于宗露躋
六月莤隹宜重羕元
宜夊旨十三彝内寅哉

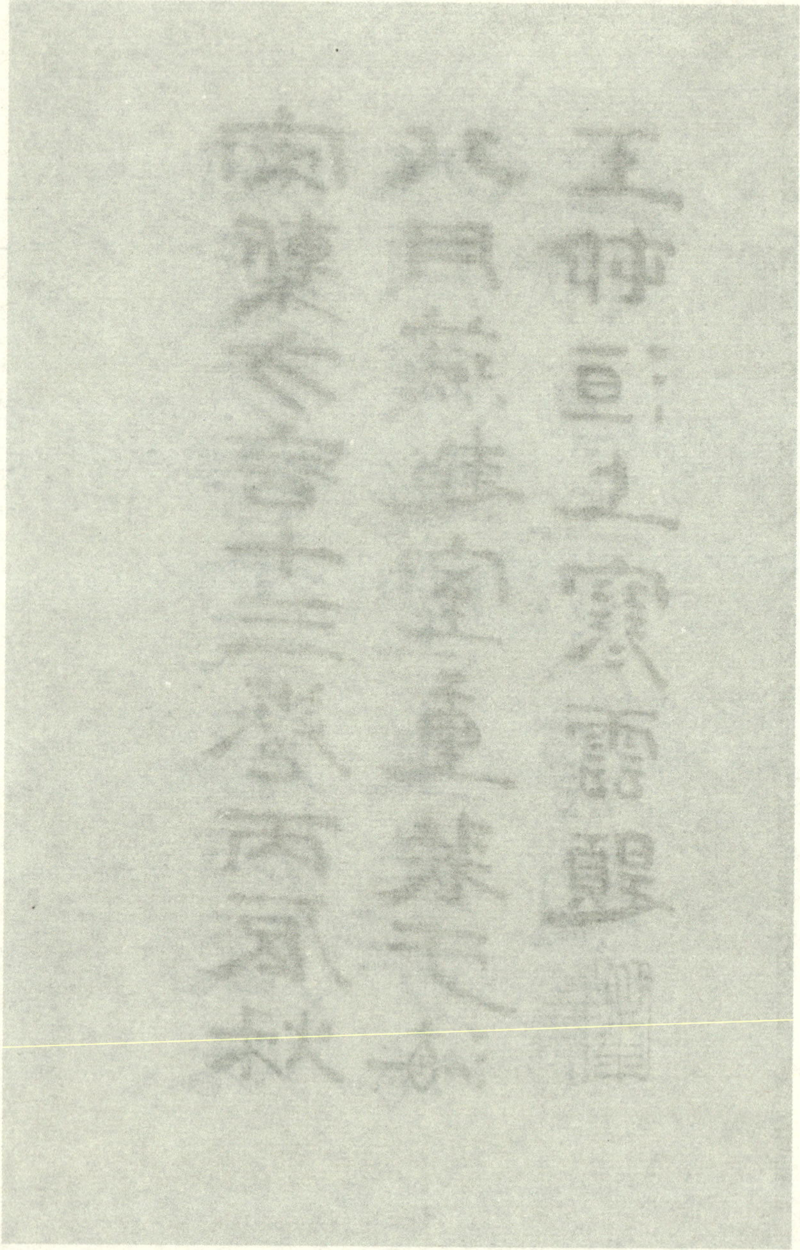

方言序

郭璞

蓋聞方言之作出乎輶軒之使所以巡遊萬國采覽異言車軌之所交人迹之所蹈靡不畢載以爲奏籍周秦之季其業隳廢莫有存者暨乎揚生沉淡其志歷載構綴乃就斯文是以三五之篇著而獨鑒之功顯故可不出户庭而坐照四表不勞疇咨而物來能名考

九服之逸言標六代之絕語類離詞之指韻明乖途而同致辨章風謠而區分曲通萬殊而不雜眞洽見之奇書不刊之碩記也余少玩雅訓旁味方言復爲之解觸事廣之演其未及摘其謬漏庶以燕石之瑜補琬琰之瑕俾後之瞻涉者可以廣寤多聞爾

西漢氏古書之全者如鹽鐵論揚子雲方言其存蓋無幾鹽鐵論前輩每恨其文章不稱漢氏唯方言之書最奇古（孟傳）頃聞之曾文清公嘗以三詩答呂治先有云傷心昨夜杯中物不對王郎對影斟紫微呂居仁次韻云書來肯附銅魚使記我今年病不斟自注云出子雲方言今所在鏤板輙誤作病不禁此書世所有而無與是正

知好之者少也山谷詩云追隨富貴勞牽
尾乃用太元經語紹興初胡少汲洪玉父
李文若諸人校黃詩刊本乃誤作縈牽尾
自此他本遂承誤鬱蒼蒼三字文人多愛
之亦或鮮記其出於太元大抵子雲精於
小學且多見先秦古書故方言多識奇字
太元多有奇語然其用之亦各有宜子雲
諸賦多古字至法言劇秦所用則無幾古

人文章蓋莫不然西漢一書唯相如子雲
等諸賦韓退之文唯曹成王碑柳子厚自
騷詞晉問等他皆不用古字
本朝歐文忠王荆公蘇長公曾南豐諸宗
工文章照映今古亦不多用古字得非以
謂古文竒字聲形之學雖在所當講而文
律之妙則不專在是若有意用之或返累
正氣也耶學者要知所以用之當其可則

盡善耳今方言自閩本外不多見每惜其未廣予來官尋陽有以大字本見示者因刋置郡齋而附以所聞一二蓋惜前輩之言久或不傳也慶元庚申仲春甲子會稽李孟傳書

漢儒訓詁之學惟謹而楊子雲尤爲洽聞蓋一物不知君子所耻博學詳説將以反約凡其辨名物析度數研精覃思

毫釐必計下而五方之音殊俗之語莫不推尋其故而旁通其義非徒猥瑣拘泥而爲是弗憚煩也世之學者忽近而慕遠捨實而徇名高談性命過自賢聖視訓詁諸書往往束之高閣盍亦思夫周官太平之典其道甚大百物不廢雖醫卜方技纖悉畢載聖門學詩不獨取其可興可觀可群可怨而鳥獸草木之名亦貴多識本末精

粗並行而不相悖故漢儒尊經重古絲毫
有守之風類非後人所能企及子雲博極
群書於小學奇字無不通且遠採諸國以
爲方言誠足備爾雅之遺闕平時所以用
力於此深矣世知好之者葢鮮
前太守尚書郎李公一日語餘苦無善
本貿偶得諸相識字畫落落可觀因以
告而鋟之木輙併附管見云慶元庚申重午

日東陽朱質書

輶軒使者絶代語釋别國方言第一

黨曉哲知也楚謂之黨黨朗也解寤皃或曰曉齊宋之間謂之哲

虔儇慧也謂慧了音翾秦謂之謾言謾訑訑音大和反謾莫錢又亡山反晉謂之㦟音悝或莫佳反宋楚之間謂之倢言便倢也楚或謂之𧫞他和反亦今通語自關而東趙魏之間謂之黠或謂之鬼言鬼眎也

娥嬴音盈好也秦曰娥言娥娥也宋魏之間謂之

大一ㄱ六十五

言孅孅也秦晉之間凡好而輕者謂之娥自關
東河濟之間謂之媌今關西人亦呼好爲媌莫交反或謂之
姣言姣潔也音狡趙魏燕代之間曰姝昌朱反音株亦四方通語
或曰妦言妦容也音蜂自關而西秦晉之故都曰妍
秦舊都今扶風雍丘也晉舊都今太原晉陽縣也其俗通呼好爲妍五千反妍一作忓
好其通語也
烈枿餘也謂烈餘也五割反陳鄭之間曰枿晉衛之
間曰烈秦晉之間曰肄音謚傳曰夏肄是屏或曰烈

台胎陶鞠養也台猶頤也音怡晉衛燕魏曰台陳楚韓鄭之間曰鞠秦或曰陶汝潁梁宋之間曰胎或曰艾爾雅云艾養也

憮亡輔反㤉音淹憐牟愛也韓鄭曰憮晉衛曰㤉㤉憸多意氣也汝潁之間曰憐宋魯之間曰牟或曰憐憐通語也

㥄憮矜悼憐哀也㥄亦憐耳音陵齊魯之間曰矜陳楚之間曰悼趙魏燕代之間曰㥄自楚之北

郊曰憮秦晉之間或曰矜或曰悼

咺香遠反唏虛几反㣎音的一音灼怛痛也凡哀泣而不止曰咺哀而不泣曰唏於方則楚言哀曰唏燕之外鄙鄙邊邑名朝鮮洌水之間朝鮮今樂浪郡是也洌水在遼東音烈少兒泣而不止曰咺少兒猶言小兒自關而西秦晉之間凡大人少兒泣而不止謂之嘵丘尚反哭極音絕亦謂之嘵平原謂啼極無聲謂之嘵哴哴音亮今關西語亦然楚謂之噭咷叫逃兩音

字或作叴音求齊宋之間謂之喑音蔭或謂之惄奴歷反

悼惄悴憖傷也詩曰不憖遺一老亦恨傷之言也憖魚叁反自關而東汝潁陳楚之間通語也汝謂之惄秦謂之悼宋謂之悴楚潁之間謂之憖

慎濟㬶惄溼桓憂也㬶者憂而不動也作念反宋衞或謂之慎或曰㬶陳楚或曰溼或曰濟自關而西秦晉之間或曰惄或曰溼自關而西秦晉之間凡志而不得欲而不獲高而有墜得而中

亡謂之溼（溼者失意潛沮之名沮一作阻）或謂之惄
鬱悠懷惄惟慮願念靖慎思也晉宋衛魯之
間謂之鬱悠（鬱悠猶鬱陶也）惟凡思也慮謀思也願
欲思也念常思也東齊海岱之間曰靖（岱太山）
秦晉或曰慎凡思之貌亦曰慎（謂感思者之容）或曰惄
敦豐厖（鴟鴞）乔（音介）憮（海狐反）般（般桓）嘏（音賈）奕戎京奘
（在朗天）將大也凡物之大貌曰豐厖深之大也
東齊海岱之間曰乔或曰憮宋魯陳衛之間

謂之嘏或曰戎秦晉之間凡物壯大謂之嘏或曰夏秦晉之間凡人之大謂之奘或謂之壯燕之北鄙齊楚之郊或曰京或曰將皆古今語也（語聲轉耳）初别國不相往來之言也今或同而舊書雅記故俗語不失其方（皆本其言之所出也）（雅小雅也）而後人不知故爲之作釋也（釋詁釋言之屬）

假（音駕）㣥（古格字）懷摧詹戾艐（古屆字）至也邠唐冀兗之間曰假或曰㣥（邠今在始平漆縣喜今在太原晉陽縣亦）

楚之會郊兩境之間或曰懷摧詹戾楚語也詩曰先祖于摧六日不詹魯侯戾止之謂也此亦方國之語不專在楚也艐宋語也皆古雅之別語也雅謂風雅今則或同

嫁逝徂適往也自家而出謂之嫁由女而出爲嫁也逝秦晉語也徂齊語也適宋魯語也往凡語也

謾台蠻怡二音脅閱呼隔反懼也燕代之間曰謾台齊楚之間曰脅閱宋衛之間凡怒而噎噫噎謂

憂也噫央媚反謂之脅閲脅閲猶閲穀也南楚江湘之間謂之嘽咺湘水名今在零陵咺音香遠反虔劉慘綝殺也今關西人呼打爲綝音廩或洛感反秦晉宋衛之間謂殺曰劉晉之北鄙亦曰劉秦晉之北鄙燕之北郊翟縣之郊謂賊爲虔今上黨潞縣即古翟國晉魏河内之北謂綝曰殘楚謂之貪南楚江湘之間謂之歁言歁綝難猒也

亟憐憮㤽愛也東齊海岱之間曰亟詐欺也自

關而西秦晉之間凡相敬愛謂之亟陳楚江淮之間曰憐宋衛邠陶之間曰憮或曰俺陶唐晉都處

眉棃耋鮐老也東齊曰眉言秀眉也燕代之北鄙曰棃言面色似凍棃宋衛兗豫之內曰耋八十為耋音經秦晉之郊陳兗之會曰耇鮐言背皮如鮐魚耇音垢

脩駿融繹尋延長也陳楚之間曰脩海岱大野之間曰尋大野今高平鉅野宋衛荆吳之間曰融

自關而西秦晉梁益之間凡物長謂之尋周官之法度廣爲尋度謂絹帛横廣幅廣爲充爾雅曰緇廣充幅延永長也凡施於年者謂之延施於衆長謂之永各隨事爲義

允訦音諶恂音荀展諒音亮穆信也齊魯之間曰允燕代東齊曰訦宋衛汝潁之間曰恂荆吴淮汭之間曰展汭水口也音芮西甌毒屋黄石野之間曰穆西甌駱越別種也音嘔其餘皆未詳所在衆信曰諒周南召

南楚之語也

碩沈巨濯訏敦夏于大也（訏亦作芋音義同耳香于反）齊宋之間曰巨曰碩凡物盛多謂之寇（今江東有小鳧其多無數俗謂之寇也）齊宋之郊楚魏之際曰夥（音楇）自關而西秦晉之間凡人語而過謂之過（于果反）或曰僉東齊謂之劍或謂之弩弩猶怒也陳鄭之間曰敦荊吳揚甌之郊曰濯中齊西楚之間曰訏（西楚謂今汝南彭城）自關而西秦晉之間凡

物之壯大者而愛偉之謂之夏周鄭之間謂之嘏（音賈）郴齊語也（洛含反）于通詞也

牴（觸牴也）㑧（音致）會也雍梁之間曰牴秦晉亦曰牴凡會物謂之㑧

華荂晠也（荂亦華別名音誇）齊楚之間或謂之華或謂之荂

墳地大也青幽之間凡土而高且大者謂之墳（即大陵也）張小使大謂之廓陳楚之間謂之摸（音莫）

嬛蟺(火全反)䌟(音撚諾典剡反)末續也楚曰嬛嬋出也(別異義)楚曰蟺或曰末及也

路(古蹋字他匝反)䠛(道遥)䟿(音拂)跳也楚曰蹠(勑厲反亦中州語)陳鄭之間曰䠛楚曰蹠自關而西秦晉之間曰跳或曰路

躡郅(音質)跂(音企)𢓜(格亦訓來)躋(濟濟)踚(踊躍)登也自關而西秦晉之間曰躡東齊海岱之間謂之躋魯衛曰郅梁益之間曰𢓜或曰跂

逢逆迎也自關而東曰逆自關而西或曰迎或曰逢

撏常含反攓音蹇摭盜跖挻羊羶反取也南楚曰攓陳宋之間曰摭衛魯揚徐荆衡之郊曰撏衡衡山南岳名今在長沙自關而西秦晉之間凡取物而逆謂之篹音饌楚部或謂之挻

餥音非飵音昨食也陳楚之內相謁而食麥饘謂之餥饘糜也音旃楚曰飵凡陳楚之郊南楚之外

相謁而飧晝飯爲飧謁請也或曰䬣或曰飴音黏秦晉之際河陰之間曰饐惡恨反[illegible]五根反今馮翊郃陽河東龍門是其處也此秦語也今關西人呼食欲飽爲饐饐釗薄勉也相勸勉也居遼反秦晉曰釗或曰薄故其鄙語曰薄努猶勉努也如今人言努力也南楚之外曰薄努自關而東周鄭之間曰勔釗沉湎齊魯曰勖茲勖勔亦訓勉也

輶軒使者絕代語釋別國方言第一

輶軒使者絶代語釋別國方言第二

釥（錯眇反）嫽（洛夭反）好也青徐海岱之間曰釥或謂之嫽（今通呼小姣潔喜好者爲嫽釥）好凡通語也

朦（忙紅反）厖（鴟鳩）豐也自關而西秦晉之間凡大貌謂之朦或謂之厖豐其通語也趙魏之郊燕之北鄙凡大人謂之豐人燕記曰豐人杼首杼首長首也楚謂之仔（音序）燕謂之杼燕趙之間言圍大謂之豐（謂度圍物也）

娃烏佳反嫷諾過反窕途了反豔美也吳楚衡淮之間曰娃南楚之外曰嫷言嫷嫷也宋衞晉鄭之間曰豔陳楚周南之間曰窕自關而西秦晉之間凡美色或謂之好或謂之窕故吳有館娃之宮秦有榛娥之臺皆戰國時諸侯所立也榛音七秦晉之間美貌謂之娥言娥娥也美狀爲窕言閑都也美色爲豔言光豔也美心爲窈言幽靜也

奕僷容也自關而西凡美容謂之奕或謂之

偞[奕偞皆輕麗之皃偞音葉]宋衛曰偞陳楚汝潁之間謂之奕

𩔈[音綿下作矊字同耳]鑠[舒灼反]盱[香于反]揚䁙[音滕]隻也

南楚江淮之間曰𩔈或曰䁙好目謂之順[言流澤也]黸[黸黑也]瞳之子謂之矊[言矊邈也]宋衛韓鄭之間曰鑠[言光明也]燕代朝鮮洌水之間曰盱[謂舉眼也]或謂之揚[詩曰美目揚兮是也此本論隻耦因廣其訓復言目耳]

魏[羌箠反]笙揫[音遒]摻[素檻反]細也自關而西秦晉

之間凡細而有容謂之魏（魏魏小成皃）或曰徥（言徥偕也度皆反）凡細貌謂之笙斂物而細謂之揫或曰摻

㦭（言瓌瑋也）渾（們渾肥滿也狐本反）膞（膞呬充壯也匹四反）驤（音壤）僇（恪膠反）泡（音庖）盛也自關而西秦晉之間語也陳宋之間曰僇（僇侔麤大皃）江淮之間曰泡（泡肥洪張皃）秦晉或曰驤梁益之間凡人言盛及其所愛曰偉其肥晠謂之驤（肥驤多肉）

私策纖莜音銚稺古稚字杪莫召反小也自關而西秦晉之郊梁益之間凡物小者謂之私小或曰纖繒帛之細者謂之纖東齊言布帛之細者曰綾音凌秦晉曰靡靡細好也凡草生而初達謂之莜鋒萌始出稺年小也木細枝謂之杪言杪梢也江淮陳楚之内謂之篾篾小皃也青齊兖冀之間謂之葼馬鬉燕之北鄙朝鮮洌水之間謂之策故傳曰慈母之怒子也雖折葼笞之其惡存焉

言埶在其中也

殗（於怯反）殜（音葉）微也宋衛之間曰殗自關而西秦晉之間凡病而不甚曰殗殜（病半臥半起也）

臺敵延（一作迮）也東齊海岱之間曰臺自關而西秦晉之間物力同者謂之臺敵

抱嬎（追萬反一作嬔）耦也（耦亦迮互見其義耳音赴）荆吳江湖之間曰抱嬎宋潁之間或曰嬎倚（丘寄反）踦（郄奇反）奇也（奇偶）自關而西秦晉之間凡全物而體不

具謂之倚梁楚之間謂之踦雍梁之西郊凡嘼支體不具者謂之踦

逴（勑略反）獡（音鑠）透（式六反）驚也自關而西秦晉之間凡蹇者或謂之逴（行略逴也）體而偏長短亦謂之逴宋衛南楚凡相驚曰獡或曰透（皆驚皃也）

儀佫來也陳潁之間曰儀自關而東周鄭之郊齊魯之間或謂佫曰懷

𪏆暱䵖（音汝）黏也齊魯青徐自關而東或曰𪏆

（言黏䵒也）或曰𪍊餬（音胡）託庇（庇蔭）寓𩜾（音孕）寄也齊衛宋魯陳晉汝潁荊州江淮之間曰庇或曰寓寄食爲餬（傳曰餬予口於四方是也）凡寄爲託寄物爲𩜾

逞苦了快也自山而東或曰逞楚曰苦（苦而爲快者猶以臭爲香治爲亂徂爲存此訓義之反覆用之是也）秦曰了（今江東人呼快爲愃相緣反）

挴㥾赧愧也晉曰挴或曰㥾秦晉之間凡愧而見上謂之赧（小雅曰面赤愧曰赧）梁宋曰㥾（㥾亦慙貌也音匿）

叨託高反惏洛含反殘也陳楚曰惏

憑齘苛怒也楚曰憑憑恚盛皃楚詞曰康回憑怒小怒曰

齘言嚌齘也陳謂之苛相苛責也

憡剌痛也憡憡小痛也音策自關而西秦晉之間或

曰憡

撟捎選也此妙擇積聚者也撟驕兩音自關而西秦晉之

間凡取物之上謂之撟捎

撊呼旱反梗魚鯁爽猛也晉魏之間曰撊傳曰撊然登埤

韓趙之間曰梗齊晉曰爽

瞷音閑睇音悌睎略音略眄也陳楚之間南楚之外曰睇東齊青徐之間曰睎吳揚江淮之間或曰瞷或曰略自關而西秦晉之間曰眄

䭒消息喙口喙呬許四反息也周鄭宋沛之間曰䭒自關而西秦晉之間或曰喙或曰䭒東齊曰呬

𨪍旁歷摫音規裁也梁益之間裁木爲器曰𨪍裂帛爲衣曰摫𨪍又斲也皆析破之名也晉趙之間謂

之鍦鍦

鐫㨨也謂鏨鐫也子旋反晉趙謂之鐫

鍇音揩鏙音啟堅也自關而西秦晉之間曰鍇吳揚江淮之間曰鏙

揄鋪音敷艦音藍極帗音拂縷葉輸音臾毼也音脆皆謂物之行蔽也荊揚江湖之間曰揄鋪楚曰艦極陳宋鄭衛之間謂之帗縷燕之北郊朝鮮洌水之間曰葉輸今名短度絹為葉輸也

孑蓋餘也謂遺餘咋吝反周鄭之間曰蓋或曰孑青徐楚之間曰孑自關而西秦晉之間炊薪不盡曰蓋孑俊也遵俊也廣異語耳

翿音濤幢徒江反翳也儛者所以自蔽翳也楚曰翿關西關東皆曰幢

掇略求也秦晉之間曰掇就室曰掇於道曰略略強取也攈古捃字摭盜蹠取也此通語也

茫矜奄遽也謂遽矜也吳揚曰茫今北方通然也莫光反陳

頳之間曰奄秦晉或曰矜或曰遽

逨遑搖扇疾也東齊海岱之間曰逨燕之外鄙朝鮮洌水之間曰搖扇楚曰遑

予賴讎也南楚之外曰賴（賴亦惡名）秦晉曰讎

恒慨莑參（素含反）綏蓋繹（音弈）紛毋言旣廣又大也荆揚之間凡言廣大者謂之恒慨東甌之間謂之莑參綏（東甌亦越地今臨海永寧是也）或謂之蓋繹紛毋

劋（雀潦反又子了反）蹶（音厥）獪也（古狡獪字）秦晉之間曰獪

楚謂之劋或曰𨁣（言踣𨁣也）楚鄭曰蔿（音指撝亦或聲之轉）

（也）或曰姡（言黠姡也今建平郡人呼㛂為姡胡刮反）

輶軒使者絕代語釋別國方言第二

輶軒使者絕代語釋別國方言第三

陳楚之間凡人嘼乳而雙產謂之釐孳（音茲）秦晉之間謂之僆子（音輦）自關而東趙魏之間謂之孿生（蘇官反）女謂之嫁子（言往適人）東齊之間聟謂之倩（言可借倩也今俗呼女聟爲卒便是也卒便一作平使）燕齊之間養馬者謂之娠（今之溫厚也音振）官婢女廝謂之娠（女廝婦人給使者亦名娠）楚東海之間亭父謂之亭公（亭民）卒謂之弩父

主擔幔幨因名云或謂之褚言衣赤也褚音赭

臧甬音勇侮獲奴婢賤稱也荆淮海岱雜齊之閒俗不純為雜罵奴曰臧罵婢曰獲齊之北鄙燕之北郊凡民男而聓婢謂之臧女而婦奴謂之獲亡奴謂之臧亡婢謂之獲皆異方罵奴婢之醜稱也自關而東陳魏宋楚之閒保庸謂之甬保言可保信也秦晉之閒罵奴婢曰侮言為人所輕弄

蔿音花譌訛言譁五瓜反皆化聲之轉也涅化也燕朝鮮洌

水之間曰涅或曰諱雞伏卵而未孚音赴始化之時謂之涅

斟協汁也謂和協也或曰潘汁所未能詳北燕朝鮮洌水之間曰斟自關而東曰協關西曰汁

蘓芥草也漢書曰樵蘓而爨蘓猶蘆語轉也江淮南楚之間曰蘓自關而西或曰草或曰芥或言菜也南楚江湘之間謂之芥嫫母蘓亦荏也荏屬也爾雅曰蘓桂荏也關之東西或謂之蘓或謂之荏周鄭之間謂之

公蕡音翡今江東人呼荏爲菩音魚沅湘之南或謂之䒷今長沙人呼野蘇爲䒷音車轄沅水名在武陵其小者謂之⿱艹釀葇菫葇也亦蘇之種類因名云

蘴舊音蜂今江東音嵩字作菘也蕘鈴鐃蕪菁也陳楚之郊謂之蘴魯齊之郊謂之蕘關之東西謂之蕪菁趙魏之郊謂之大芥其小者謂之辛芥或謂之幽芥其紫華者謂之蘆菔今江東名爲溫菘實如小豆羅匐二音東魯謂之菈遝洛荅大合兩反

蔆芡音儉雞頭也北燕謂之蔆今江東亦呼蔆耳青徐淮泗之間謂之芡南楚江湘之間謂之雞頭或謂之鴈頭或謂之烏頭狀似烏頭故傳以名之

凡草木刺人北燕朝鮮之間謂之茦爾雅曰茦刺也或謂之壯今淮南人亦呼壯壯傷也山海經謂刺爲傷也自關而東或謂之梗今云梗榆或謂之劌劌者傷割人名音鱖魚也自關而西謂之刺江湘之間謂之棘楚詞曰曾枝剡棘亦通語耳音己力反

凡飲藥傅藥而毒南楚之外謂之瘌（乖瘌）北燕朝鮮之間謂之癆（癆瘌皆辛螫也音聊）東齊海岱之間謂之眠或謂之眩（眠眩亦今通語耳）自關而西謂之毒瘌痛也

逞曉恔苦快也（快即狡狡戲亦快事也）自關而東或曰曉或曰逞江淮陳楚之間曰逞宋鄭周洛韓魏之間曰苦東齊海岱之間曰恔自關而西曰快

膠譎詐也涼州西南之間曰膠自關而東西或曰譎或曰膠汝南人呼欺爲讉訹回反亦曰詒音殆詐通語也

揠擢拂戎拔也今呼拔草心爲揠烏拔反自關而西或曰拔或曰擢自關而東江淮南楚之間或曰戎東齊海岱之間曰揠

慰廛度凥也周官云夫一廛宅也音纏約江淮青徐之間曰慰東齊海岱之間或曰度或曰廛或曰踐

萃雜集也東齊曰聖

迨遝及也東齊曰迨（音殆）關之東西曰遝或曰及

蔆杜根也（今俗名韭根為蔆音陵）東齊曰杜（詩曰徹彼桑杜是也）或曰芨（音撥）

班徹列也北燕曰班東齊曰徹

瘼（音莫）癁病也（謂勞復也）東齊海岱之間瘼或曰癁秦曰瘎（音閻或湛）

掩醜掍（衮衣）綷（作憒反）同也江淮南楚之間曰掩

宋衛之間曰綷或曰掍東齊曰醜

裕猷道也東齊曰裕或曰猷

虔散殺也東齊曰散青徐淮楚之間曰虔

汜音汎浼音漫㵎湯㵎洼烏蛙反洿也皆洿池也自關而東或曰洼或曰汜東齊海岱之間或曰浼或曰㵎荊州呼潢也

庸恣比比次侹侹直更佚蹉跌代也齊曰佚江淮陳楚之間曰侹餘四方之通語也今俗亦名更代作爲恣作也

大一十九

氓民也民之總名音萌

执仇也謂怨仇也音讐

寓寄也

露敗也

别治也

棖法也救頹之法

謫怒也相責怒也音蟦

間非也

格正也

⿰麗攵數也偶物爲麗故立數之

軫戾也相了戾也江東音善

屑潔也謂潔清也音薛

譁罪也謂罪惡也章順反

俚聊也謂苟且也音吏

捆就也捆綑成就皃苦本反

苙圈也謂藺圈也音立

廋隱也謂隱匿也音搜索也

銛取也謂挑取物音忝

振䃾也振拄令相䃾也

儓音臺䑋音㩉農夫之醜稱也南楚凡罵庸賤謂之田儓僸儓駑鈍皃或曰僕臣儓亦至賤之號也或謂之䑋䑋丁健皃也廣雅以為奴字作㩉音同或謂之辟辟商人醜稱也僻僻便黠皃也音擘

庸謂之倯轉語也倯猶保倯也今隴右人名孏為倯相容反

褸裂須捷挾斯敗也南楚凡人貧衣被醜弊謂之須捷（須捷狎婁也）或謂之褸裂（裂衣壞皃音縷）或謂之襤褸故左傳曰蓽路襤褸以启山林（華路柴車）殆謂此也或謂之挾斯（挾斯猶挾變也）器物弊亦謂之挾斯

撲（打撲）鋌（音綖）澌盡也南楚凡物盡生者曰撲生（今種物皆生云撲地生也）物空盡者曰鋌鋌賜也（亦中國之通語也）連此撲斯皆盡也鋌空也語之轉也

撲翁葉聚也（撲屬藂相着皃）楚謂之撲或謂之翁葉楚通語也

斟益也（言斟酌益之）南楚凡相益而又少謂之不斟凡病少愈而加劇亦謂之不斟或謂之何斟（言雖少損無所益也）

差間知愈也南楚病愈者謂之差或謂之間（言有間隙）或謂之知知通語也或謂之慧或謂之憭（慧憭皆意精明）或謂之瘥或謂之鐲（鐲亦除也音涓一圭反）

或謂之除

輶軒使者絶代語釋别國方言第三

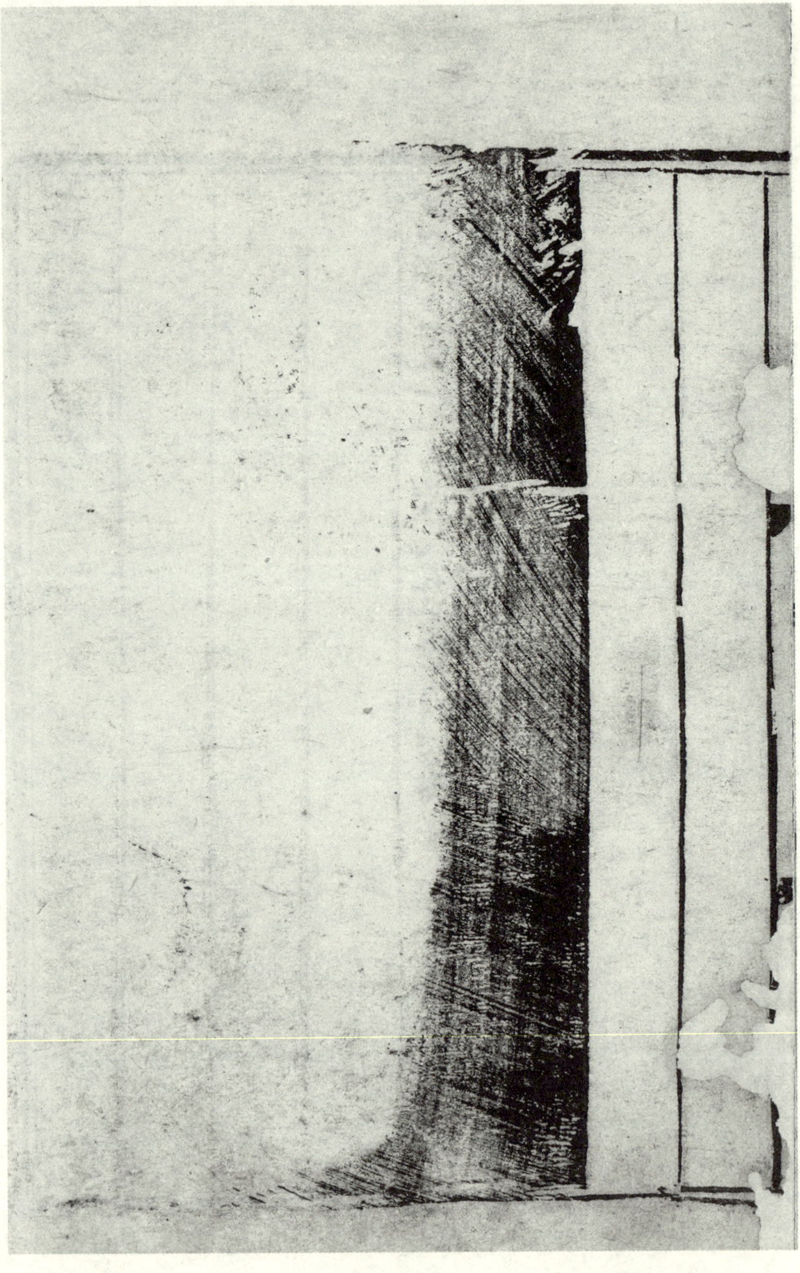

輶軒使者絶代語釋別國方言第四

襌衣江淮南楚之間謂之褋（楚辭曰遺余褋兮灃浦音簡牒）關之東西謂之襌衣有褒者（前施褒囊也房報反）趙魏之間謂之袏衣無褒者謂之裎衣（音逞）古謂之深衣（制見禮記）

襜褕江淮南楚謂之𧞼裗（裳凶反）自關而西謂之襜褕其短者謂之裋褕（音豎）以布而無緣敝而紩之謂之襤褸自關而西謂之統裺（俗名裺掖）

音倔其敝者謂之緻（緻縫納敝故名之也丁履反）汗襦（廣雅作褕）江淮南楚之間謂之襘（音甑）自關而西或謂之祇裯（祇音止裯丁牢反亦呼為掩汗也）自關而東謂之甲襦陳魏宋楚之間謂之襜襦或謂之禪襦（今或呼衫為單襦）

帬陳魏之間謂之帔（音披）自關而東或謂之襬（音碑今關西語然也）

蔽厀江淮之間謂之褘（音韋或暉）或謂之袚（音沸）魏

宋南楚之間謂之大巾自關東西謂之蔽厀

齊魯之郊謂之袡（昌詹反）襦（字亦作褕又襦無右邊）西南屬漢謂之曲領或謂之襦褌陳楚江淮之間謂之𧝓（錯勇反）

袴齊魯之間謂之褰（傳曰徵褰與襦音騫）或謂之襱（今俗呼袴踦為襱音鮦魚）關西謂之袴

褕謂之袖（襦襩有袖者因名云）

衱謂之褗（即衣領也劫偃兩音）

袿謂之裾衣後裾也或作袪廣雅云衣袖

褸謂之衽衣襟也或曰裳際也

褸謂之緻襤褸綴結也

裯謂之襤衹裯弊衣亦謂襤褸

無緣之衣謂之襤

無袂衣謂之褙袂衣袖也音藝褙音慢惰

無裥之袴謂之襣袴無裥者即今犢鼻褌也裥亦襱字異耳

䘯謂之袩干苕丁牒反反未詳其義

衿謂之交衣交領也

裺謂之襦尖劒反

襜謂之䘢衣掖下也

佩紟謂之裎所以係玉佩帶也音禁

褸謂之袩即衣衽也

覆䘹謂之襌衣作憒反

偏裨謂之襌襦即衫也

袀繵謂之襌今又呼為涼衣也灼纏兩音

袒飾謂之直衿婦人初嫁所著上衣直衿也音但

襃明謂之袍廣雅云襃明長襦也

繞衿謂之帬俗人呼接下江東通言下裳

懸褌謂之緣衣縫緣也音掩

絜襦謂之蔽膝廣異名也

裪橘謂之袖衣褾音橘江東呼椀音婉

帍裱謂之被巾婦人領巾也方廟反

繞緍謂之𧝄裺衣督脊也緍音循

厲謂之帶小爾雅曰帶之垂者爲厲

襎裷謂之幭即帊幞也煩寃兩音幭亡別反繄格謂之樞即小兒次衣也繄洛嘔三音楚謂無緣之衣曰襤紩衣謂之褸秦謂之緻自關而西秦晉之間無緣之衣謂之裗䘿嫌上説有未了故復分明之

複襦江湘之間謂之䙌音豎或謂之筩褹今筩袖之襦也褹即袂字耳

大袴謂之倒頓今雹袴也小袴謂之校衫今褖袴也[illegible]

兩音楚通語也

幏巾也巾主覆者故名幏也大巾謂之帉音芬嵩嶽之南嵩高中岳山也今在河南陽城縣陳潁之間謂之帤奴豬反亦謂之幏江東通呼巾帉耳

絡頭帞頭也音貊紗繢鬢帶羌位反鬏帶音菜帑音績亦千㡇於怯反幧頭也自關以西秦晉之郊曰絡頭南楚江湘之間曰帞頭自河以北趙魏之間曰幧頭或謂之帑或謂之㡇其遍者謂之

髻帶今之偏疊幧頭也或謂之髮帶髮亦結也覆結謂之幘巾或謂承露或謂之覆髮今結籠是也皆趙魏之間通語也

扉屨麤屨也徐兗之郊謂之扉音翡自關而西謂之屨中有木者謂之複舄自關而東複履其庳者謂之鞔下音婉禪者謂之鞮今韋鞮也絲作之者謂之履麻作之者謂之不借粗者謂之屨東北朝鮮洌水之間謂之鞹音卬角[illegible]楚江

沔之間揔謂之麤（沔水今在襄陽）西南梁益之間或

謂之屦（他回反字或作屨音同）或謂之𢉆（下瓦反一音畫）履其

通語也徐土邳圻之間（今下邳也圻音祁）大麤謂之

䩕角（今漆履有齒者）

緉（音兩）綆（音爽）絞也（謂履中絞也音校）關之東西或謂之

緉或謂之綆絞通語也

纑謂之縝（謂纑縷也音振）

輶軒使者絕代語釋別國方言第四

輶軒使者絶代語釋別國方言第五

鍑（釜屬也　音富）北燕朝鮮洌水之間或謂之錪（音腆）或謂之餅（音餅）江淮陳楚之間謂之錡（或曰三脚釜也　音技）或謂之鏤吳揚之間謂之鬲（音歷）

釜自關而西或謂之釜或謂之鍑（鍑亦釜之揔名）

甑自關而東謂之甗（音言）或謂之鬵（音岑梁州呼鉹）或謂之酢餾（屋霤）

盂（音于）宋楚魏之間或謂之盌（烏管反）盌謂之盂

或謂之銚銳（謠語語也）盌謂之櫂盂謂之柯（[illegible]）海岱東齊北燕之間或謂之盎（書卷）盃（音雅）椷（封緘）盞（酒醆）溫（薄淹反）閜（呼雅反）盪（音章）盧（音盧）桮也秦晉之郊謂之盃（所謂伯盃者也）自關而東趙魏之間曰椷或曰盞（最小桮也）或曰溫其大者謂之閜吳越之間曰盪齊右平原以東或謂之盧桮其通語也

瓥（瓢勺也 音麗）陳楚宋魏之間或謂之簞或謂之

櫼（今江東通呼勺為櫼音羲）或謂之瓢

案陳楚宋魏之間謂之篙自關東西謂之案

桮落（盛桮器籠也）陳楚宋衛之間謂之桮落又謂之豆筥自關東西謂之桮落

箸筩（盛朼箸籫也）陳楚宋魏之間謂之筲（鞭鞘）或謂之籯（漢書曰遺子黃金滿籯音盈也）自關而西謂之桶檧（今俗亦通呼小籠為桶檧音籠冠檧蘇勇反或作筩）

瓬（音岡）㼜（都感反亦音沈）甒（音舞）𦈡（音由）甄（音鄭）甇（音胻[illegible]反）[illegible]（[illegible]度）

反甇瓿甊[瓿音部甊洛口反]鬵[作志反]甖[於庚反]靈桂之

郊謂之瓶[今江東通名六甇為瓶]其小者謂之瓬周魏

之間謂之甗[今江東亦呼甖為甗子]秦之舊都謂之甀

淮汝之間謂之缶江湘之間謂之甇自關而

西晉之舊都河汾之間[汾水出大原經絳北西南入河]其大

者謂之甀其中者謂之瓿甊自關而東趙魏

之郊謂之瓮或謂之甖東齊海岱之間謂之

甇甖其通語也

甇陳魏宋楚之間曰甋音叟或曰甈音殊燕之東北朝鮮洌水之間謂之瓺音暢亦腸齊之東北海岱之間謂之儋所謂家無儋石之餘也音擔字或作甔周洛韓鄭之間謂之甀或謂之甇甇謂之甄鼓聲甖謂之甓

缶謂之瓿甌即盆也音偶其小者謂之瓶

甇甀謂之盎案爾雅甈康壺而方言以為盆未詳也甀都感反盎烏浪反

自關而西或謂之盆或謂之盎其小者謂之

升甌（惡牟反亦音憂）

甂（音邊）陳魏宋楚之間謂之題（今河北人呼小盆為題子杜啓反）自關而西謂之甂其大者謂之甌

所以注斛（盛米穀寫斛中者也）陳魏宋楚之間謂之篅（今江東亦呼為篅篅音巫覡）自關而西謂之注箕陳魏宋楚之間謂之籮（篅亦籮屬也形小而高無耳）

炊䉛謂之縮（漉米䉛也）或謂之䈪（音藪）或謂之匴（音旋）（江東呼淅籤）

篝（今薰籠也）陳楚宋魏之間謂之牆居

扇自關而東謂之箑（今江東亦通名扇為箑音篓）自關而西謂之扇

碓機（碓梢也）陳魏宋楚自關而東謂之梴（音延）磑或謂之𥓓（即磨也錯碓反）

繘（汲水索也音橘）自關而東周洛韓魏之間謂之綆或謂之絡（音洛）關西謂之繘綆

櫪（養馬器也）梁宋齊楚北燕之間或謂之樎（音縮）

謂之皁（皁隷之名於此乎出）

飲馬橐自關而西謂之裺囊（音鶴）或謂之裺篼或謂之㡘篼（音摟）燕齊之間謂之帳（廣雅作掁字音同耳）

鉤（懸物者）宋楚陳魏之間謂之鹿觡（或呼鹿角）或謂之鉤格自關而西謂之鉤或謂之鑯（音微）

臿燕之東北朝鮮洌水之間謂之斛（湯料反此亦鍫聲轉也）宋魏之間謂之鏵或謂之鍏（音韋）江淮南楚之間謂之臿沅湘之間謂之畚趙魏之間

謂之喿字亦作鍫也東齊謂之梩音駭江東又呼鍫刃為鐅普蔑反

杷無齒為朳宋魏之間謂之渠挐今江東名亦然諾猪反或謂之渠疏語轉也

僉今連架所以打穀者宋魏之間謂之攝殳音殊亦杖名也或謂之度今江東呼打為度音量度也自關而西謂之棓蒲項反或謂之柫音拂齊楚江淮之間謂之柍音悵怏亦音為車鞅此皆打之別名也或謂之桲音勃

刈鉤江淮陳楚之間謂之鉊音召或謂之鐹音

自關而西或謂之鉤或謂之鎌或謂之鍥

薄宋魏陳楚江淮之間謂之曲或謂之麴此直語楚聲轉也自關而西謂之薄南楚謂之蓬薄

橛燕之東北朝鮮洌水之間謂之椴楬杙也江東呼都音段

槌絲蠶薄柱也度畏反宋魏陳楚江淮之間謂之植音直自關而西謂之槌齊謂之样音陽其横關西曰

㯖音朕亦名校音交宋魏陳楚江淮之間謂之㭙音帶

齊部謂之持(丁謹反)胡以縣㰏關西謂之繳(力冊反)東齊海岱之間謂之繏(相主反)宋魏陳楚江淮之間謂之䌰(摽甲)或謂之環(摽)

簟宋魏之間謂之笙(今江東通言笙)或謂之籧苗自關而西謂之簟或謂之𥳔(今云𥳔篾篷也)其粗者謂之籧篨自關而東或謂之篕棪(音剡江東呼籧篨爲廢音廢)筕篖(似籧篨直文而粗江東呼笪音靼)自關而東周洛楚魏之間謂之倚佯(音羊)自關而西謂之筕篖南[illegible]之

之外謂之篖

牀齊魯之間謂之簀（床版也音迮）陳楚之間或謂之笫（音滓又音姊）其杠北燕朝鮮之間謂之樹自關而西秦晉之間謂之杠南楚之間謂之趙（趙當作兆聲之轉也中國亦呼杠爲桃牀皆通也）東齊海岱之間謂之樺（音先）其上板衛之北郊趙魏之間謂之牒（簡牒）或曰牑（履屬）

俎几也西南蜀漢之郊曰杫（音賜）

榻前几江沔之間曰桯（今江東呼爲承桯音刑）趙魏之間謂之椸（音易）凡其高者謂之虡（即筍虡也音巨）簀榬也（所以絡絲也音爰）兖豫河濟之間謂之榬絡謂之格（所以轉籰給車也）繀車（蘇對反）趙魏之間謂之轣轆車東齊海岱之間謂之道軌

户鑰自關之東陳楚之間謂之鍵（巨蹇反）自關之西謂之鑰

簙謂之蔽或謂之箘（音囷）秦晉之間謂之簙吳楚之間或謂之蔽或謂之箭裏（簙著名箭廣雅云）或謂之簙毒或謂之夗專（夗於辯反專音轉）或謂之匴璇（或曰竹器所以整頓簙者銓旋兩音）或謂之棊所以投簙謂之枰（評論）或謂之廣平所以行棊謂之局或謂之曲道

圍棊謂之弈自關而東齊魯之閒皆謂之弈

輶軒使者絕代語釋別國方言第五

輶軒使者絕代語釋別國方言第六

聳𦍼欲也皆強欲也山頂也荊吳之間曰聳晉趙曰𦍼自關而西秦晉之間相勸曰聳或曰𦍼中心不欲而由旁人之勸語亦曰聳凡相被飾亦曰𦍼

聳聹聾也半聾梁益之間謂之聹言胎聹煩憒也音宰秦晉之間聽而不聰聞而不達謂之聹生而聾陳楚江淮之間謂之聳言無所聞常聳耳也荊揚之

閒及山之東西雙聾者謂之聳聾之甚者秦晉之閒謂之䏲（五刮反言䏲無所聞知也外傳聾聵偏[illegible]音蒯聵）吳楚之外郊凡無有耳者亦謂之䏲其言䏲者若秦晉中土謂墮耳者䏲也（五刮反）

陂（偏頗）傜（逍遥）衺也陳楚荊揚曰陂自山而西凡物細大不純者謂之傜（言𦒉傜也）

由迪正也東齊青徐之閒相正謂之由迪

㥏（音腆）惄（人力反又女六反）慙也荊揚青徐之閒曰㥏

若梁益秦晉之間言心内慙矣山之東西自愧曰恧小爾雅曰心愧爲恧趙魏之間謂之䏻音密亦祕

謇音蹇展難也齊晉曰謇山之東西凡難貌曰展荆吳之人相難謂之展若秦晉之言相憚矣齊魯曰燀難而雄也昌羨反

胥由輔也胥相也由正皆謂輔持也吳越曰胥燕之北鄙曰由

蛩烘戰慄也蛩恭烘音荆吳曰蛩烘蛩烘又恐也

錪吐本反鍾直反重也東齊之間曰錪宋魯曰鍾

鋡音含龕受也今云龕囊依此名也齊楚曰鋡揚越曰龕

受盛也猶秦晉言容盛也

矔慣習瞷侹侗轉目也梁益之間瞋目曰矔轉目

顧視亦曰矔吳楚曰瞷

逴勅略反騷先牢反𨂂蹇也跛者行跣踔也吳楚偏蹇曰

騷齊楚晉曰逴行略逴也

㽙音斯嗌惡介反噎也皆謂咽痛也音翳楚曰㽙秦晉或

曰盈又曰壴

怠陁壞謂壞落也音虫豸未曉

埕音涅墊丁念反下也凡柱而下曰埕屋而下曰墊

㑥邈離也謂乖離也音刿楚謂之越或謂之遠吳越

曰㑥

顛頂上也

誣諂与也乙劒反吳越曰誣荆齊曰諂与猶秦

晉言阿与相阿与者所以致誣諂也

掩索取也自關東曰掩自關而西曰索或曰

狙伹伺也

暥烏拔反䀩音略視也東齊曰暥吳揚曰䀩今中國亦云目略也凡以目相戲曰暥

遥廣遠也梁楚曰遥

汩遥疾行也汩汩急皃也于筆反南楚之外曰汩或曰遥

蹇妯擾也謂躁擾也妯音迪人不靜曰妯秦晉曰蹇

齊宋曰妯

絓音乖挈口八反㑌古㒹字介特也楚曰㑌晉曰絓

秦曰挈物無耦曰特獸無耦曰介傳曰逢澤有介麋

飛鳥曰雙鴈曰乘

台既失也宋魯之間曰台

既隱據定也

稟浚敬也秦晉之間曰稟齊曰浚吳楚之間

自敬曰稟

悛音銓懌音弈改也自山而東或曰悛或曰懌論

曰悅而不懌

坻水泜坦癬疽場也音傷梁宋之間蚍蜉𪕒鼠之場謂之坻𪕒鼠蚡鼠也螾場謂之坦螾蟮也其糞名坦螾音引

徥用行也徥皆行皃度揩反朝鮮洌水之間或曰徥

鋪頒索也東齊曰鋪頒猶秦晉言抖藪也謂斗藪舉索物也鋪音敷

參蠡分也謂分割也音麗齊曰參楚曰蠡秦晉曰離

廝披散也東齊聲散曰廝器破曰披秦晉聲

變曰㾷器破而不殊其音亦謂之㾷器破而
未離謂之璺音問南楚之間謂之㪍妨美反一音把塞
緍緜施也秦曰緍趙曰緜吳越之間脫衣相
被謂之緍緜相覆及之名也音旻
悀音踊偪妨逼反滿也凡以器盛而滿謂之悀言涌
出也腹滿曰偪言勑偪也
徯醯醯酢冊鐮冊音騗危也東齊掎物而危謂之
徯醯掎居技反僞物謂之冊鐮

紕音毗繹亦言督雉理也秦晉之間曰紕凡物曰
督之言正理也絲曰繹之言解繹也
矤古矧字呂長也東齊曰矤宋魯曰呂
𨂝𦓾力也東齊曰𨂝律𨂝多力皃宋魯曰𦓾𦓾田
力也謂耕墾也
瘱埋也又翳諦爪帶審也齊楚曰瘱秦晉曰諦
譩音翳諦亦音帶諟也亦審諟互見其義耳音帝吳越曰譩諦
揞烏感反揜錯音酢摩滅也荊楚曰揞吳揚曰揜

傁艾長老也東齊魯衛之間凡尊老謂之傁或謂之艾禮記曰五十爲艾周晉秦隴謂之公或謂之翁南楚謂之父或謂之父老南楚瀑洭之間暴匡兩音洭水在桂陽母謂之媓謂婦妣曰母姼音多稱婦考曰父姼古者通以考妣爲生存之稱

巍嶢崝嶮高也嶕嶢崝嵤[redacted]高峻之皃也

猒塞安也牧足則定

㥄音凌憮亡主㦖也

掩翳薆也謂蔽薆也詩曰薆而不見音愛

佚愓緩也跌唐兩音

輶軒使者絕代語釋別國方言第六

輶軒使者絶代語釋別國方言第七

譂憎所疾也（之潤反）宋魯凡相惡謂之譂憎若秦晉言可惡矣

杜蹻𨇾也趙曰杜（今俗語通言𨇾如杜杜梨子𨇾因名之）山之東西或曰蹻（郄蹻燥𨇾皃音笑謔）

佻抗縣也趙魏之間曰佻自山之東西曰抗燕趙之郊縣物於臺之上謂之佻（了佻縣物皃丁小反）

發稅舍車也（舍宜音寫）東齊海岱之間謂之發（今

言發寫也宋趙陳魏之間謂之稅稅猶脫也
肖類法也齊曰類西楚梁益之間曰肖秦晉
之西鄙自冀隴而西冀縣今在天水使犬曰哨音騷西
南梁益之間凡言相類者亦謂之肖肖者似也
憎懷憚也相畏憚也陳曰懷
譙字或作誚譙火表反讓也齊楚宋衛荆陳之間曰
譙自關而西秦晉之間凡言相責讓曰譙讓
北燕曰讙

僉胥皆也自山而東五國之郊曰僉（六國唯秦在山西）東齊曰胥

侔莫強也北燕之外郊凡勞而相勉若言努力者謂之侔莫

傑僁罵也（嬴小可憎之名也僁音卬竹）燕之北郊曰傑僁

展惇信也東齊海岱之間曰展燕曰惇（惇亦誠信皃）

斯掬離也齊陳曰斯燕之外郊朝鮮洌水之間曰掬

蝎（音曷）噬（卜筮）逮也東齊曰蝎北燕曰噬逮通語也

皮傅彈憸強也（謂強語也音憸）秦晉言非其事謂之皮傅東齊陳宋江淮之間曰彈憸

膊（普博反）曬（霜智反）晞暴也東齊及秦之西鄙言相暴僇為膊（暴僇謂相暴磔惡事音膊脯）燕之外郊朝鮮洌水之間凡暴肉發人之私披牛羊之五藏謂之膊暴五穀之類秦晉之間謂之曬東齊

北燕海岱之郊謂之晞

熬聚即鷵字也創眇反煎備皮力反鞏火乾也凡以火

而乾五穀之類自山而東齊楚以往謂之熬

關西隴冀以往謂之備秦晉之間或謂之聚

凡有汁而乾謂之煎東齊謂之鞏拱手

胹而飪荏亨爛糦熾酋因酷熟也自關而西

秦晉之郊曰胹徐揚之間曰飪嵩嶽以南陳

潁之間曰亨自河以北趙魏之間火熟曰爛

氣熟曰糦久熟曰酋穀熟曰酷熟其通語也

魏盈怒也魏上已音燕之外郊朝鮮洌水之間凡言呵叱者謂之魏盈

䟫䠒音務隑企欺豉反立也東齊海岱北燕之郊跪謂之䟫䠒今東郡人亦呼長跽爲張䠒委痿謂之隑企脚躄不能行也

瀧涿謂之霑漬瀧涿猶瀨滯也音籠

希鑠摩也燕齊摩鋁謂之希音慮

平均賦也燕之北鄙東齊北郊凡相賦斂謂之平均

羅謂之離離謂之羅皆行列物也

釗超遠也釗上巳音燕之北郊曰釗東齊曰超

漢漫賑眩懣也賑音瞋恚朝鮮洌水之間煩懣謂之漢漫顛眴謂之賑眩眩音懸

憐職㤅也言相㤅憐者吳越之間謂之憐職

茹食也吳越之間凡貪飲食者謂之茹今俗[illegible]

大了七十二　方言七

粗食者爲茹音勝如

䵘貌治也謂治作也呴格垢反吳越飾貌爲䵘或謂之巧語楚聲轉耳

煦州呼煆呼夏反熱也乾也熱則乾熯吳越曰煦煆

攍音盈膂賀𦢁儋也今江東呼擔兩頭有物爲𦢁𦢁音鄧齊楚陳宋之間曰攍莊子曰攍粮而赴之燕之外郊越之垂甌吳之外鄙謂之膂擔者用膂力因名云南楚或謂之攍自關而西隴冀以往謂之賀今江東語亦然凡以驢

馬駝載物者謂之負他音大亦謂之賀

樹植立也燕之外郊朝鮮洌水之間凡言置立者謂之樹植

過度謂之涉濟猶今云濟度

福祿謂之祓戩廢箭兩音

傺音際眙勑吏反逗也逗即今住字也南楚謂之傺西秦謂之眙眙謂住視也西秦酒泉燉煌張掖是也逗其通語也

輶軒使者絶代語釋别國方言第七

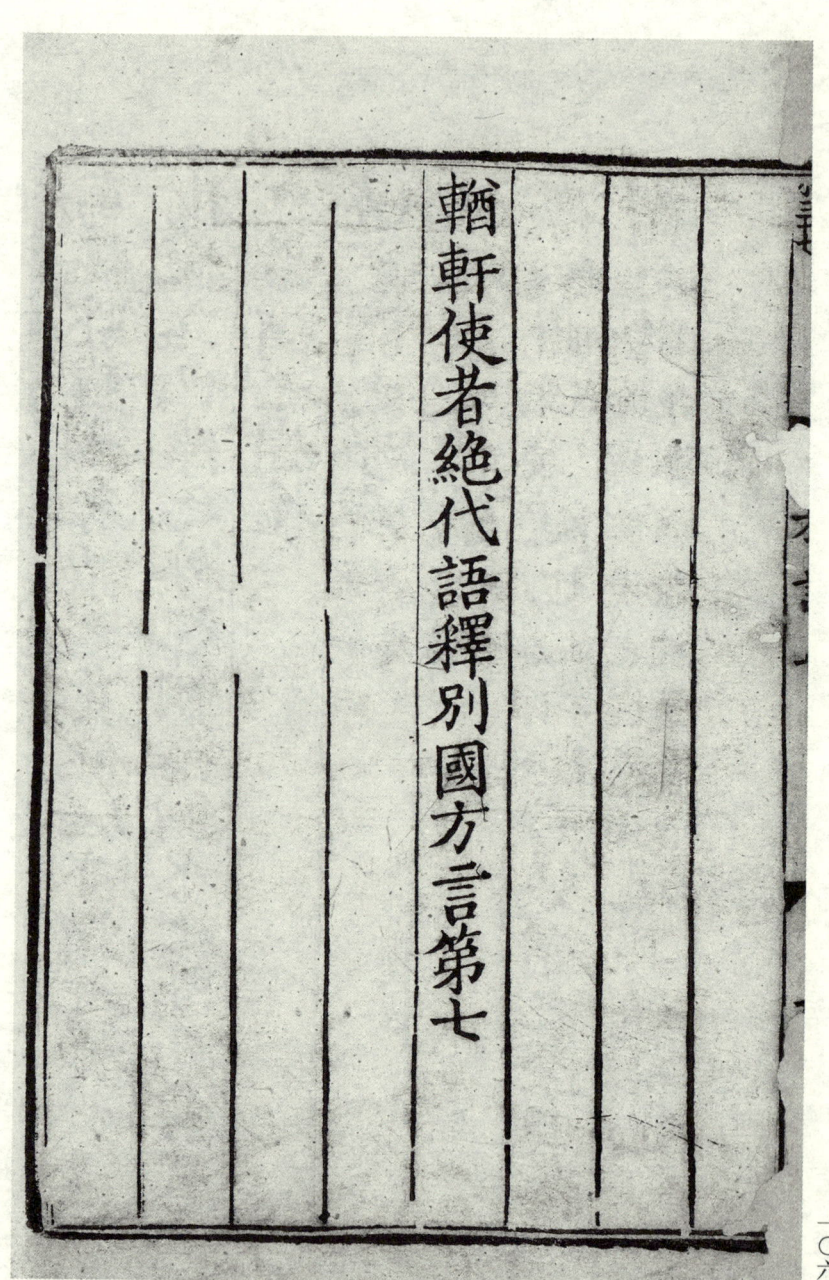

輶軒使者絶代語釋別國方言第八

虎陳魏宋楚之閒或謂之李父江淮南楚之閒謂之李耳（虎食物值耳即止以觸其諱故）或謂之於䖘（於音烏今江南山夷呼虎爲䖘音狗竇）自關東西或謂之伯都（俗曰伯都事抑虎說）

貔（狸別名也音毗）陳楚江淮之閒謂之貅（音來）北燕朝鮮之閒謂之貊（今江南呼貊狸爲音丕）關西謂之狸（此通名耳貔未聞語所出）

貛豚也音歡關西謂之貒波湍
雞陳楚宋魏之間謂之鸊鷉避祇兩音桂林之中
謂之割雞或曰䳰音從北燕朝鮮洌水之間謂
伏雞曰抱房奥反江東呼蓲央富反爵子及雞雛皆謂之
鷇恪遘反關西曰鷇音顧其卵伏而未孚始化謂之涅
豬北燕朝鮮之間謂之豭猶云豭斗也關東西或
謂之彘或謂之豕南楚謂之豨其子或謂之
豚或謂之豯音奚吳揚之間謂之豬子其檻及

蓐曰橧爾雅曰所寢橧音繒

布穀自關東西梁楚之間謂之結誥周魏之間謂之擊穀自關而西或謂之布穀今江東呼爲穫穀

鶡鴠鳥似雞五色冬無毛亦倮晝夜鳴侃旦兩音周魏齊宋楚之間謂之定甲或謂之獨春好自低仰自關而東謂之城旦言其辛苦有似於罪禍者或謂之倒懸好自懸於樹也或謂之鴠鴠自關而西秦隴之內謂之鶡鴠

鳩自關而東周鄭之郊韓魏之都謂之鵖音

鷎（音皋）其鵖鳩謂之鸊鷎自關而西秦漢之間謂之鵴鳩（菊花）其大者謂之鳻鳩（音班）其小者謂之鶩鳩（今荆鳩也）或謂鷄鳩（音葵）或謂之鵓鳩（音浮）或謂之鶻鳩梁宋之間謂之鷦鳫

尸鳩（按爾雅即布穀非戴勝也或云鸇皆失之也）燕之東北朝鮮洌水之間謂之鶝鴀（福不兩音）自關而東謂之戴鵀東齊海岱之間謂之戴南南猶鵀也（此亦語楚聲轉也）或謂之鶭鸅（案爾雅說戴鵀下鶭鸅自別一鳥名方言似依此義）

又失也

或謂之戴鳻或謂之戴勝勝所以纏紝東齊吳揚之間謂之鵀自關而西謂之服鶝或謂之鵖鶝燕之東北朝鮮洌水之間謂之鴭音或

蝙蝠邊福兩音自關而東謂之服翼或謂之飛鼠或謂之老鼠或謂之僊鼠自關而西秦隴之間謂之蝙蝠北燕謂之蟙䘃職墨兩音

鴈自關而東謂之鴚鵝音加南楚之外謂之鵝或謂之鶬鴚今江東通呼爲鴚

桑飛即鷦鷯也又名鷦鸎自關而東謂之工爵或謂之過鸁音螺或謂之女鴎今亦名爲巧婦江東呼布母自關而東謂之鸋鴂案爾雅云鸋鴂鴟鴞屬非此小雀明矣鸋玦兩音自關而西謂之桑飛或謂之懱爵言懱截也

鸝黃自關而東謂之創鶊又名商庚自關而西謂之鸝黃其色黧黑而黃因名之或謂之黃鳥或謂之楚雀

野鳧其小而好沒水中者南楚之外謂之鷿鷉鷿音指辟鷉音他奚反大者謂之鶻蹏滑蹄兩音

守宮秦晉西夏謂之守宮或謂之蠦蠷盧纏兩音

或謂之蜤易南陽人呼蝘蜓又其在澤中者謂之易

蜴音析南楚謂之蛇醫或謂之蠑螈榮元兩音東齊

海岱謂之螔蜈似蜥易大而有鱗今所在通言蛇醫耳斯侯兩音北

燕謂之祝蜓音延桂林之中守宮大者而能鳴

謂之蛤解似蛇醫而短身有鱗采江東人呼為蛤蚧音頭頷汝潁人直名為蛤

鷖音解誤聲也

宛野謂鼠為䶆宛新野今皆在南陽音錐

雞雛徐魯之間謂之秋侯子子幽反徐今下邳僮縣東南大徐城是也

輶軒使者絶代語釋别國方言第八

輶軒使者絕代語釋別國方言第九

戟楚謂之釨（取名於鈎釨也）凡戟而無刃秦晉之間謂之釨或謂之鏔（音寅）吳揚之間謂之戈東齊秦晉之間謂其大者曰鏝胡（泥鏝）其曲者謂之鈎釨鏝胡（即今雞鳴句子戟也）

三刃枝（今戟中有小子戟者所謂雄戟也）南楚宛郢謂之匽戟（音偃郢今江陵也余正反）其柄自關而西謂之柲（音祕）或謂之殳（音殊）

矛吳揚江淮南楚五湖之間謂之鍦嘗虵反五湖今吳興太湖也先儒處之多亦不了所未能詳者或謂之鋋音蟬或謂之鏦漢書曰鏦殺吳王錯江反其柄謂之矜今字作槿巨巾反

箭自關而東謂之矢江淮之間謂之鍭音侯關西曰箭箭者竹名因以爲號

鑽謂之鍴音端

矜謂之杖矛戟槿即杖也

劒削自河而北燕趙之間謂之室自關而東

或謂之廓或謂之削自關而西謂之鞞方婢切盾自關而東或謂之瞂音伐或謂之干干者扞也關西謂之盾

車下鐵陳宋淮楚之間謂之畢未詳

大車謂之綦鹿車也音忌

車轊車軸頭也干厲反齊謂之〔車龍〕又名〔車堯〕

車枸簍即車弓也音縷宋魏陳楚之間謂之筱今呼車子弓為筱音巾個或謂之䉬籠穹隆兩音其上約謂之箹即

帶也（音瓜瓝）或謂之䉂（脉）秦晉之間自關而西謂之枸簍西隴謂之棓（即軬字薄晚反）南楚之外謂之篷（今亦通呼篷）或謂之隆屈（尾屈）

輪（車輞也）韓楚之間謂之軑（音大）或謂之軝（詩曰約軝錯衡音祇）關西謂之䡙（音揔）

輑謂之軸（牛忿反）

轅楚衛之間謂之輈（張由反）

箱謂之輫（音俳）

軫謂之枕（車後橫木）

車紂自關而東周洛韓鄭汝潁而東謂之緧（音秋）或謂之曲綯（綯亦繩名詩曰宵尓索綯）或謂之曲綸（今江東通呼索綸音倫）自關而西謂之紂

輨（音管）軑（音大）鍊鏅（鍊音柬鏅音度果反）關之東西曰輨南楚曰軑趙魏之間曰鍊鏅

車釭齊燕海岱之間謂之鍋（音戈）或謂之錕（音衮）自關而西謂之釭盛膏者乃謂之鍋

凡箭鏃胡合嬴者胡鏑在於喉下嬴邊也四鐮廣稜也或曰拘腸三鐮者謂之羊頭其廣長而薄鐮謂之錍普蹄反或謂之鈀音葩箭其小而長中穿二孔者謂之鉀鑪今箭鉀鑿空兩邊者也嗑嚧兩音其三鐮長尺六者謂之飛䖟此謂今射箭也內者謂之平題今戲射箭頭題猶羊頭也所以藏箭弩謂之箙盛弩箭器也外傳曰檿弧箕箙弓謂之鞬鞬生或謂之皾牛犢

凡矛骹細如鴈脛者謂之鶴厀今江東呼爲鈴釘

有小枝刃者謂之鉤釨

矛或謂之釨

錟謂之鈹（今江東呼大矛為鈹鈹音彼錟音聃）

骹謂之銎（即矛刃下口音凶）

鐏謂之釬（音扞或名爲鐓音頓）

舟自關而西謂之船自關而東或謂之舟或謂之航（行伍）南楚江湘凡船大者謂之舸（姑可反）

小舸謂之艖（今江東呼艖小底者也音叉）艖謂之艒𦨴（目宿）

二音 小艒䑿謂之艇 舠也 艇長而薄者謂之艜 衣帶 短而深者謂之𦨈 今江東呼艖𦨈者音步 小而深者謂之𢹂 即長艇也音卬竹 東南丹陽會稽之間謂艖爲欚 音禮 泭謂之𥴳 音敷 𥴳謂之筏 音伐 筏秦晉之通語也 江淮家居𥴳中謂之薦 音符 方舟謂之潢 揚州人呼渡津航爲杭荊州人呼樹音橫 艁舟謂之浮梁 即今浮橋 楫謂之橈 如寮反 或謂之櫂 今云櫂歌依此名也 所以隱櫂謂之㰏 搖㰏小橛也江東又名爲胡人音獎 所以縣櫂謂之緝

繫櫂頭索也所以刺船謂之槁音高維之謂之鼎係船為維首謂之閤閭今江東呼船頭屋為之飛閭是也或謂之艗艏鷁鳥名也今江東貴人船前作青雀是其像也音六後曰舳今江東呼柂為舳音軸舳制水也僞謂之仡吾勃反僞音訛仡船動搖之皃也仡不安也

輶軒使者絕代語釋別國方言第九

輶軒使者絶代語釋别國方言第十

媱惕遊也江沅之間謂戲爲媱或謂之惕音羊或謂之嬉香其反

曾訾何也湘潭之原潭水名出武陵音潭一曰淫荆之南鄙謂何爲曾或謂之訾今江東人語亦云訾爲聲如斯若中夏言何爲也

央亡嚜杘嚜音目杘丑夷反姡胡刮反獪也江湘之間或謂之無賴或謂之䝟恐惧多智也恪交反凡小兒多

詐而獪謂之央亡或謂之嚜杘（嚜杘潛狡也）或謂之姡（言黠姡也）姡娗也（言恫娗也）或謂之猾（音滑）皆通語也

崽者子也（崽音枲聲之轉也）湘沅之會（兩水合處也音獪）凡言是子者謂之崽若東齊言子矣（聲如宰）

誺不知也（音癡眩江東曰咨此亦如聲之轉也）沅澧之間（澧水今在長沙音禮）凡相問而不知荅曰誺使之而不肯荅曰言（音𣳘今中國語亦然）粃不知也（今淮楚間語呼聲如非也）

煤火也（呼隗反）楚轉語也猶齊言㶴火也（音毀）

嘳無寫憐也皆[redacted]之代語也音蒯沅澧之原凡言相
憐哀謂之嘳或謂之無寫江濱謂之思濱水邊也
皆相見驩喜有得亡之意也九嶷湘潭之間
謂之人兮九嶷山名今在零陵營道縣
[illegible]魚踐反嫧音榮鮮好也南楚之外通語也
㘓哰闌牢二音謰謱上音連下力口反拏也言譇拏也奴加反東
齊周晉之鄙曰㘓哰㘓哰亦通語也平原人好㘓哰
也南楚曰謰謱或謂之支註支之豉反註音注或謂

之詁謕上託兼反下音啼轉語也挐揚州會稽之語也或謂之惹言情惹也汝邪反一音若或謂之諳言誣諳也

亄嗇貪也謂慳貪也音懿荊汝江湘之郊凡貪而不施謂之亄亦中國之通語或謂之嗇或謂之悋悋恨也慳者多情恨也

遙窕滛也九嶷荊郊之鄙謂滛曰遙言心遙蕩也沅湘之間謂之窕窈窕治容

潛涵沉也楚郢以南曰涵音含或古南反或曰潛潛

又遊也〔潛行水中亦爲游也〕

家安靜也江湘九嶷之郊謂之家

拌棄也〔音伴又普槃反〕楚凡揮棄物謂之拌或謂之敲〔恪校反今汝潁間語亦然或云㩻也〕淮汝之間謂之役〔江東又呼㩻音黶又音犳音豹〕

詠愬也〔詠譖亦通語也〕楚以南謂之詠

戲泄歇也楚謂之戲〔音義〕泄奄息也楚揚謂之泄

攓取也〔音騫一曰搴〕楚謂之攓

睎曬乾物也揚楚通語也（睎音非亦皆北方常語耳或云瞟）

蕖猝也（謂倉卒也音斐）江湘之間凡卒相見謂之蕖相見或曰突（他骨反）

迹迹屑屑不安也（皆往來之皃也）江沅之間謂之迹迹秦晉謂之屑屑或謂之塞塞或謂之省省不安之語也

濶沐（音闊）佂伀遑遽也江湘之間凡窘猝怖遽謂之濶沐（喘嗜皃也）或謂之佂伀

翥舉也謂軒翥也楚謂之翥

忸怩慙䟦也䟦猶苦者楚郢江湘之間謂之忸怩

或謂之慼咨子六韭伊二反

垤封場也楚郢以南蟻土謂之垤垤中齊語也

適過也謂罪過也音蹟亦音適罪罰也南楚以南凡相非議

人謂之適或謂之衇血脈衇又慧也今名黠鬼衇

膀兄也此音義所未詳荆揚之鄙謂之膀桂林之中

謂之𧳋

讓極吃也楚語也亦北方通語也或謂之軋鞅軋氣不利也烏八反或謂之歰語歰難也今江南又名吃爲喋若葉反

呰昨啓反矲蒲楷反短也江湘之會謂之呰凡物生而不長大亦謂之鮆又曰癠今俗呼小爲癠音薺菜桂林之中謂短矲言矲偕也矲通語也東陽之間謂之府言俯視之因名云

鉗鉗害又惡也𤷒𤷒恎惡腹也妨反反憋憋怤急性也妨滅反惡也南楚凡人殘罵謂之鉗殘猶惡也又謂之𤷒癡騃也

吾駭反揚越之郊凡人相侮以爲無知謂之眲諸華反眲耳目不相信也因字名也或謂之斫斫郄斫頑直之貞今關西語亦皆然

惃衮衣愂音教頓愍惽也謂迷昏也楚揚謂之惃或謂之愂江湘之間謂之頓愍頓愍猶頓悶也或謂之氐惆丁弟丁牢二反南楚飲毒藥懣謂之氐惆亦謂之頓愍猶中齊言眠眩也愁恚憒憒毒而不發謂之氐惆氐惆猶懊憹也

悅舒蘇也(謂蘇息也)楚通語也
眠娗(莫典塗殄二反)脉蜴(音析)賜施(輕易)茭媞(恪挍得懈二反)譠
謾(託蘭莫蘭二反)㥏忚(麗醯二音)皆欺謾之語也楚郢以
南東揚之郊通語也(六者亦中國相輕易蚩弄之言也)
⿰旃頁頟顏顙也湘江之間謂之⿰旃頁(今建平人呼頟爲⿰旃頁音旃)
(裘)中夏之謂頟東齊謂之顙汝潁淮泗之間
謂之顏
頷頤頜也(謂頷車也)南楚謂之頷(亦今通語爾)秦晉謂

之領頤其通語也

紛怡喜也湘潭之間曰紛怡或曰巸已嬉怡二音

⿰氵郷或也酒酣沅澧之間凡言或如此者曰⿰氵郷如是亦此憨聲之轉耳

愮療治也江湘郊會謂醫治之曰愮俗云厭愮病音曜愮又憂也博異義也或曰療

𦬆丑位反莾嫫母反草也東越揚州之間曰𦬆南楚曰莾

慽鰓慽音良憣鰓音魚鰓乾都音干耇音姤革老也皆老者皮色枯瘁之形也皆南楚江湘之間代語也凡以異語相易謂之代也

拯揰拯抌都感反亦音甚推也南楚凡相推搏曰拯或曰揔苦骨反沅湧澆幽之語澆水今在桂陽音扶涌水今在南郡華容縣也或曰攩今江東人亦名推爲攩攩音晃

食閻音鹽慫涌上子竦反下音涌勸也南楚凡己不欲喜而旁人說之不欲怒而旁人怒之謂之食閻或謂之慫涌

欸音醫或音塵埃譽皃鷖然也南楚凡言然者曰欸或曰譽

緤末紀緒也南楚皆曰緤音薛或曰端或曰紀或曰末皆楚轉語也

睃音揔䁚音麗闚貼勑纖反占伺視也凡相竊視南楚謂之闚或謂之睃或謂之貼或謂之占或謂之䁚䁚中夏語也亦言睞也闚其通語也自江而北謂之貼或謂之覗凡相候謂之占占猶

贍也

䵤惡孔反鑶奴動反晠多也南楚凡大而多謂之䵤或謂之鑶凡人語言過度及妄施行亦謂之鑶

抯相黎反摣以加反取也南楚之間凡取物溝泥中謂之柤或謂之樝

仉音汎僄飄零輕也楚凡相輕薄謂之相仉仉或謂之僄也

卷終

輶軒使者絶代語釋別國方言第十一

蛥蚗（蛥音折，蚗于列反，一音玦。）齊謂之螇螰（螇鹿二音），楚謂之蟪蛄（莊子曰：蟪蛄不知春秋也。），或謂之蛉蛄（音零），秦謂之蛥蚗。自關而東謂之虭蟧（貂料二音），或謂之蝭蟧（音帝），或謂之蜓蚞（廷木二音）。西楚與秦通名也（江東人呼蟂蟧）。

蟬，楚謂之蜩（音調），宋衛之間謂之螗蜩（今胡蟬也，似蟬而小，鳴聲清亮，江南呼螗蛦），陳鄭之間謂之蜋蜩（音良），秦晉之間謂之蟬，海岱之間謂之蛴（齊人呼為巨蛴，音技）。其大者謂之蟧，或謂之蝒馬。按爾雅云蝒馬者蜩，非別名蝒馬也，此方言誤耳。其小者謂之麥蚻。如蟬而小，青色。今關西呼麥蠽，音癰癤之癤。有文者謂之蜻蜻。即蚻也，爾雅云耳。其鴜蜻謂之疋。祖一反。大而黑者謂之蝬。音棧。黑而赤者謂之蜺。雲霓。蜩蟧謂之𧍧蜩。江東呼爲𧍧蠽也。𧕎謂之寒蜩。寒蜩，瘖蜩也。按爾雅以蜺爲寒蜩，月令亦曰寒蜩鳴，知寒蜩非瘖者也。此諸蟬名通出爾雅，而多駁雜，未可詳據也。寒蜩，螿也，似小蟬而色青。𧕎音應。蛣詣謂之杜蛒。音格。螻螲謂之螻蛄。音室塞。或謂

之蟓蛉象鈴二音南楚謂之杜狗或謂之蛞螻

蜻蛚即趨織也精列二音楚謂之蟋蟀或謂之蛬梁園呼蛬音鞏南楚之間謂之蚟孫孫一作絲

螳蜋謂之髦有斧蟲也江東呼為石蜋又名齕肬或謂之虰按爾雅云螳蜋蛑虰義自應下屬方言依此說失其指也或謂之蛘蛘

姑䗐謂之強蛘米中小黑甲虫也江東名之𧊅音加建平人呼芈子音芈芈即姓也

蟒即蝗也莫鯁反宋魏之間謂之蚮音貸南楚之外謂

之蟅蟒蟅音近詐亦呼吒蛨或謂之蟒或謂之螣音滕

蜻蛉謂之蝍蛉六足四翼虫也音靈江東名爲狐黎淮南人呼蠊蛜蠊音康蛜音伊

春黍謂之蜙蝑蜙音蘘蝑音壤沮反又名蚣蜙江東呼虴蛨

蟦蠀謂之蚇蠖即踧二音蠖烏郭反又呼步屈

蠭燕趙之間謂之蠓螉蒙翁二音其小者謂之蠮螉小細腰蠭也音鯁噎或謂之蚴蜕幽悦二音其大而蜜謂之壺蠭今黑蠭穿竹木作孔亦有蜜者或呼笛師

蠅東齊謂之羊（此亦語轉耳今江東人呼羊聲如蠅凡此之類皆不宜別立名也）陳楚之間謂之蠅自關而西秦晉之間謂之蠅

蚍蜉（毗浮二音亦呼蟞蜉）齊魯之間謂之蚼蟓（駒養二音）西南梁益之間謂之玄蚼（法言曰玄駒之步是）燕謂之蛾蛘（蟻養二音建平人呼蚳音侈）其場謂之坻（直尸反）或謂之蛭（亦言冢也）

蟦螬謂之蟦（翡翠反）自關而東謂之蝤蟦（猶養兩音）

或謂之蚻蝸書卷或謂之蝖蝬亦呼當齊或呼虵蠶或呼蟦蝖喧斛兩音梁益之間謂之蛒音格或謂之蝎或謂之蛭蛒音質秦晉之間謂之蠹或謂之天螻按爾雅云螜天螻謂螻蛄耳而方言以為蝎未詳其義也四方異語而通者也

蚰蜒由延二音自關而東謂之螾𧑱音引或謂之入耳或謂之[虫長][虫麗]音麗趙魏之間或謂之蚨虶扶于北燕謂之䖡蚭䖡奴六反蚭音尼江東又呼蛩音鞏

鼅鼄知株二音鼄蝥也音無自關而西秦晉之間謂

之鼄蝥今江東呼蝃蝥音掇自關而東趙魏之郊謂之鼅鼄或謂之蠾蝓燭臾二音蠾蝓者侏儒語之轉也北燕朝鮮洌水之間謂之蝳蜍齊人又呼社公亦言周公音毒餘

蜉蝣浮由二音秦晉之間謂之蠂暨似天牛而小有甲角出糞土中朝生夕死

馬蚿音弦北燕謂之蛆蠂蝍蛆其大者謂之馬蚰音逐今關西云

輶軒使者絕代語釋別國方言第十一

輶軒使者絶代語釋別國方言第十二

爰嗳哀也〔嗳哀而恚也音段〕

儒輸愚也〔儒輸猶儒撰也〕

愋諒知也

拊撫疾也〔謂急疾也音府〕

菲惄悵也〔謂惋惆也音翡〕

鬱熙長也〔謂壯大也音怡〕

媦孟姊也〔外傳曰孟啖我是也今江東山越間呼姊聲如市此因字誤遂俗也〕

娋音義未詳

築娌匹也今關西兄弟婦相呼爲築里度六反廣雅作妯

娌耦也

𥗋裔習也謂玩習也音盈

躔度展反逡逡巡循也

躔歷行也躔猶踐也日運爲躔月運爲逡運猶行也

逭音換亦管反遺陽六反轉也逭遺步也轉相訓耳

逢虞望也今云烽火是也

揄掮脫也

解輸棁也棁猶脫耳

賦與操也謂操持也

盝音鹿歍泔乞涸也謂渴也音鶴

澈妨計反澂音澄清也

逯音鹿亦錄遡音素行也

墾牧司也墾力也耕墾用力

收斂也謂放斂牛馬也

監牧察也

奞始也奞化也別異訓也音歡

鋪脾止也義有不同故異訓之鋪妨孤反

攘掩止也

幕覆也

侗他動反胴同挺挏狀也謂形狀也

疋杪小也樹細枝爲杪也

屑往勞也屑屑往來皆劬勞也

屑惟王相獪也市儈

效音皎娃口類反明也

淎將威也

嫣居僞反娗音挺僊也爛僊健狡也博丹反

儇虔謾也謂惠黠也莫錢反

佻疾也謂輕疾也音糶

鞅侼強也謂強戾也音敦

鞅侼懟也亦爲怨懟鞅猶怏也

追未隨也

僉怚劇也謂勤劇音驕怚也

僉夥也僉者同故爲多音禍

夸烝婬也上婬爲蒸

毗顮懣也謂憤滿也音頻

熒澂清也

紓逞緩也謂寬緩也音舒

清躡急也

杼㦗杼[illegible]胡計反解也

蒧逞解也蒧訓勑復言解錯用其義音展

抵㧙刺也皆矛戟之槿所以刺物者也音觸抵

倩茶借也茶猶徒也

㦊朴猝也謂急速也劈歷打撲二音

麋棃老也麋猶眉也

萃離時也

漢䓙怒也

并發也

誇呵瓜反吁然也音于皆應聲也

猜忦恨也

艮碮堅也艮碮皆石名物也五磬反

苂眼明也苂光也音溪

怹愉悦也怹愉猶呴愉也音敷

即圍就即半也即一作助

惙怞中也中宣爲忡忡惱怖意也

薵蒙覆也

籌戴也此義之反覆兩通若字或作壽音俱波濤也

堪輂載也輂輂亦載物者出音釘鍋

搖祖上也

祖搖也

祖轉也互相釋也動搖即轉矣

括闗閉也易曰括囊無咎音活

衝俶動也

羞厲熟也（熟食爲羞）

厲今也

備該咸也（咸猶皆也）

噬食也

噬憂也

慫悸也（謂悚悸也）

虜鈔强也（皆强取物也）

鹵奪也

鑈正也謂堅正也奴俠反

蒔殖立也

蒔更也爲更種也音侍

鬌尾稍盡也鬌毛物漸落去之名除爲反

尾梢也

㱼傲倦也今江東呼極爲㱼音劇外傳曰余病㱼矣

鼃律始也音蛙

䒗臧厚也

邅遰行也遰遰行皃也魚晚反

鑴音携餟祭醊餽也音愧

餼香既反⿰飠景音映飽也

惵度協反耇音垢嬴也音盈

趙肖小也

蚩愮悖也謂悖惑也音遥

吹扇助也吹嘘扇佛相佐助也

焜曅晠也韡曅焜燿晠皃也

苦翕熾也

蘊崇也

蘊畜積也畜者貪故為積

畜殄合也

翬翻飛也翬翬飛皃也音揮

憤目盈也

譟喚譟諻從橫音也

攎音攎邀音勑張也

岑夤大也

岑高也岑崟峻皃也

效昈文也昈昈文采皃也音户

鈵董錮也謂堅固也音柄

扞搷揚也謂播揚也音塡

水中可居爲洲三輔謂之淤音血瘀上林賦曰行乎州淤之

浦也蜀漢謂之嬖手臂

殹幕也謂蒙幕也音醫

六十四

刲音枯狄也宜音剔

度高為揣叢綃反

半步為跬差箠反

生盲為睺呼鉤反一音猴

未墜天龍謂之蟠龍

裔夷狄之揔名邊地為裔亦四夷通以為号也

考引也

鄉高也

上重也

箇枚也爲枚數也古餓反

一蜀也南楚謂之獨蜀猶獨耳

輶軒使者絕代語釋別國方言第十二

輶軒使者絶代語釋別國方言第十三

裔歷相也

裔旅末也

皉緣廢也

純毳好也毳毳小好負也音沐

顙素廣也顙顙曠遠負音邈

顙漸也

蹯踊躍拼掾拔拔也出休爲拼出火爲蹯也拼一作棷

蹫一作踰

焞許孫反焃音閲煓波湍赫貌也皆火盛熾之皃

憒竅孔竅阸也謂迫阸烏革反

杪眇小也

譊咎謗也謗言噂譊也音沓

蕆敕戒備也蕆亦訓敕

摵音踖撽音致到也

聲腆忘也

黮戻感反黵莫江反私也皆冥闇故爲陰私也

龕音堪喊音減㖪荒麥反亦音郁唏靈几反聲也

筡音涂簞方婢反析也析竹謂之筡今江東呼篾竹裹爲筡亦名爲筡之也

傜音遙宵音躡使也

蠢作也謂動作也

忽達芒也謂草杪芒䠶出

芒濟滅也外傳曰二帝用師以相濟也

劆音廓劙音儷解也魏能也嶄刻也

聳悚也謂警聳也山頂反

跌蹷也偃地反江東言跢丁賀反

蘪蕪也謂草穢蕪也音務

漊淹敗也溼敝為漊水敝為淹皆謂水潦漊漊壞物也

釐音狸挴亡改反貪也

攋恪頼反挻音延竟也

讉喘轉也讉喘猶宛轉也

囷胎僆逃也皆謂逃叛也僆音輾撻

陏毻易也謂解毻也他臥反

脁說好也謂姅悅也音遥

憚怛惡也心怛懷亦惡難也

吳大也

灼驚也猶云恐爀也

賦動也賦斂所以擾動民也

瘃極也巨畏反江東呼極爲瘃倦聲之轉也

煎盡也

爽過也謂過差也

蟬毒也

慘㥢也音酒

㥢惡也慘悴惡事也

還積也

宛蓄也謂宛樂也言婉

類法也

翭本也今以鳥羽本爲翭音侯

懼病也驚也

葯薄也謂薄裹物也葯猶纏也音決的

[月旋]短也便旋庳小貟也

掊深也掊尌深能

湟休也

撈取也謂鉤撈也音料

膜撫也謂撫順也音莫

由式也

猷詐也猶者言故爲詐

萑隨也

揣試也揣度試之

顒怒也顒顒恚皃也巨廩反

埝下也謂陷下也音坫肆

讚解也讚訟所以解釋理物也

賴取也

拎業也謂基業也音鉗

帶行也隨人行也

濂空也濂寷空皃康或作歞虛字也

湛安也湛然安皃

嘍樂也嘍嘍歡皃音謷

倇歡也歡樂也音婉

衎定也衎然安定皃也音看

䑋䐟也謂䐟肉也魚自反

讟痛也謗誣怨痛也亦音讀

鼻始也嘼之初生謂之鼻人之初生謂之首

梁益之閒謂鼻爲初或謂之祖祖居也鼻祖皆始之別名也轉復訓以爲居所謂代語者也

充養也

翳掩也謂掩覆也

臺支也

純文也

訞亂也亂宜訓冾

恌理也謂情理也音遥

薀䘒也藴藹茂皃

搪張也謂彀張也音堂

惲謀也謂議也嘔墳反

陶養也

㩒格也今之竹木格是也音禁惡

䀌曉明也

扱擭也扱猶級也

扶護也扶挾將護

淬寒也淬猶淨也作憒反

漺淨也皆冷貞也初兩禁耕二反

漉極也滲漉極盡也

牧凡也

易始也易代更始也

逭周也謂周轉也

⿰黑喜色也 ⿰黑喜然赤色皃也音奭

恬靜也 恬惔安靜

禔福也 謂福祉也音祇

禔喜也 有福即喜

攋洛旱反 隓許規反 壞也

息歸也

抑安也

潛亾也

曉過也

曉⿱高飄也

⿰叕出短也 蹴⿰叕出匾小貌 音劉意齕贊

隑剴切陭也 江南人呼梯為隑所以隑物而登者也音剴切也

迒長也 謂長短道 胡郎反

迒迹也 爾雅以為兔迹

賦藏也

蘊饒也 音温

芬和也 芬香和調

擣依也 謂可依倚之也

依禄也 禄位可依憑也

䐼腯也 腯腯肥充也音豚亦突

盬雜猝也 皆倉卒也音古

躍行也 言跳躍也音藥

盬且也 盬縮黏也

抽讀也

媵託也

適牾也相觸迕也

押予也予猶與音畀

彌縫也

譯傳也

譯見也傳宣語即相見

梗略也梗槪大略也

臆滿也愊臆氣滿之也

馮益也謂增益也音罵

空待也來則實也

珇好也

珇美也美好等乎見義耳音祖

嫗色也嫗煦好色皃

闓開也謂闓門也

靡滅也或作摩滅字音麋

菲薄也謂微薄也音翡

腆厚也

媟狎也相親狎也

芋大也芋猶訏耳香于反

煬翕炙也今江東呼火熾猛爲煬音恙

煬烈暴也

馺馬馳也馺馺疾皃也索荅反

選延偏也

澌索也盡也

晞燥也

梗覺也謂直也

萃集也

晛俾倪曎音亦明也

皚臨昭也

皚美也皚皚美德也呼凱反

箄方氏反簍音縷籅音餘𥫩弓弦䉛也古筥字江沔之間

謂之籅趙代之間謂之笤淇衛之間謂之牛

筐淇水名也籅其通語也
籅小者南楚謂之簍自關而西秦晉之間謂
之箄今江南亦名籠為箄
籠南楚江沔之間謂之篣今零陵人呼籠為篣音彭或謂
之笯音都墓亦呼籃
簇盛餅筥也南楚謂之筲今建平人呼筲為鞭鞘趙魏之郊
謂之去簇今通語也
錐謂之鍣廣雅作銘字

無升謂之刁斗（謂小鈴也音貂見漢書）

匕謂之匙（[illegible]）

盂謂之櫨（子殄反）河濟之間謂之𥂕盞

椀謂之盦

盂謂之銚銳（謠音）木謂之消抉（椀亦盂屬江東名盂爲凱亦曰甌也蠲玦兩音）

餌謂之餻或謂之粢或謂之䬴（音鈴）或謂之餣（央怯反）或謂之䬾（音元）

方言五十二

餅謂之飥（音乇）或謂之餦餛（長渾兩音）

餳謂之餦餭（即乾飴也）飴謂之餃（音該）䬳謂之餹（以豆屑雜餳也音髓）餳謂之餹（江東皆言餹音唐）凡飴謂之餳自關而東陳楚宋衛之通語也

𪍿（音㕙）䴺（音才）䴷（于八反）麰（音牟大麥麴）䴽（音脾餅麴）䴿（音蒙有衣麴）𪌇（䑘音小麥麴為𪌇即麮也）麴也自關而西秦豳之閒曰𪍿（豳即邠音斌）晉之舊都曰䴺（今江東人呼麴為䴺）齊右河濟曰䴷或曰麰北鄙曰䴽麴其通語也

屋梠謂之欞（雀梠即屋檐也亦呼為連綿音鈴）⿰每瓦謂之⿺乚霝（即屋檼也今字作甍音萌⿺乚霝音霤）冢秦晉之間謂之墳（取名於大防也）或謂之培（音部）或謂之堬（音臾）或謂之采（古者卿大夫有采地死葬之因名也）或謂之埌（波浪）或謂之壠（有界埒似耕壟因名之）自關而東謂之丘小者謂之塿（培塿亦堆高之貌洛口反）大者謂之丘（又呼冢為墳也）凡葬而無墳謂之墓（言不封也墓猶慕也）所以墓謂之墲（墲謂規度墓地也漢書曰初陵之墲是也）

輶軒使者絶代語釋別國方言第十三

方言十三卷宋刊宋印本後有慶元庚申跋
兩段書中避諱止惇字即甯宗時刊本季滄
葦稱顧仁效顧元慶朱大韶處藏仁效元慶均
長洲人居陽山下朱大韶華亭人撰經閣印其
藏書文 國初歸滄葦季氏書目云楊子方言
六卷四本牧翁跋即此書錢跋疑在慶元跋之
後書禁嚴時撤之一葉影寫六字補之書十
三卷季目云六卷誤 壬子十月繆荃孫識

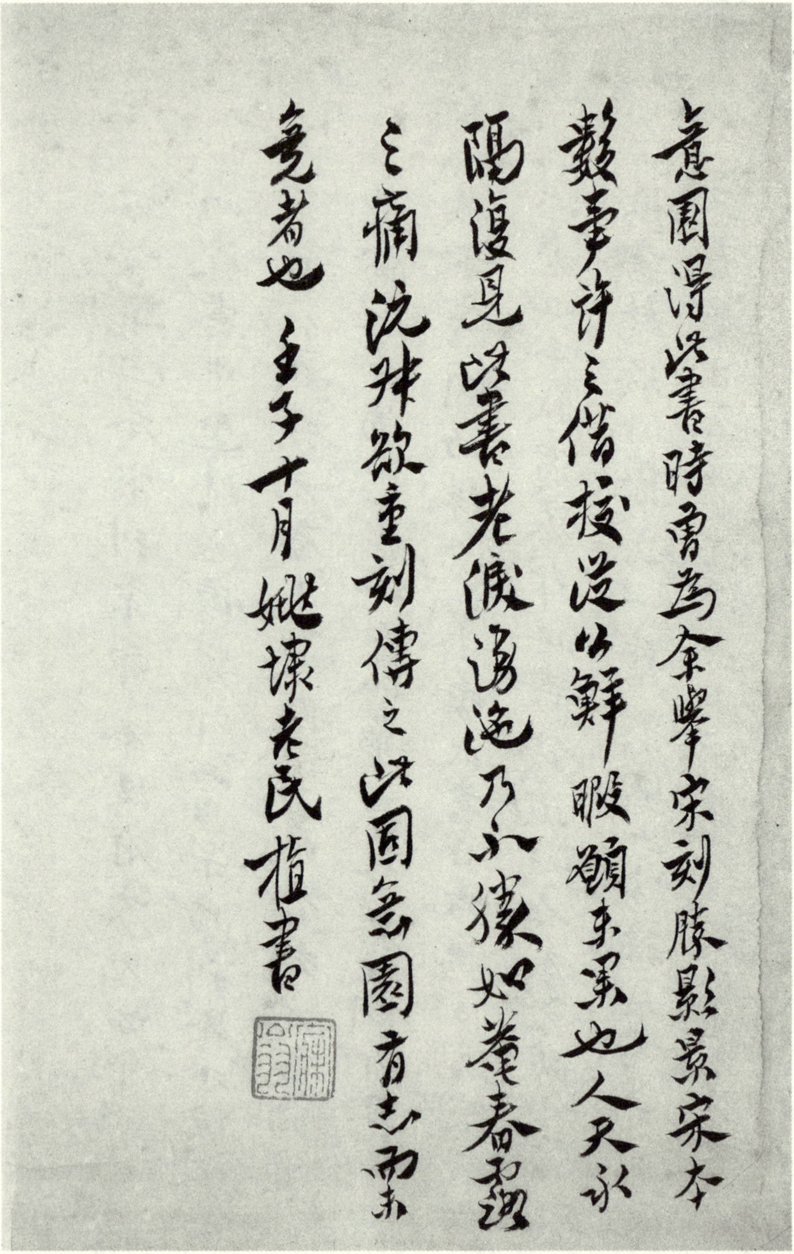
意園得此書時曾為余舉宋刻勝影景宋本
數事許之借校從以鮮暇頗未果也人天永
隔復見此書老淚滂沱乃不禁如蠶春和趣
之痛沈君欲重刻傳之此固意園有志而未
竟者也 壬子十月 姚埭老民植書

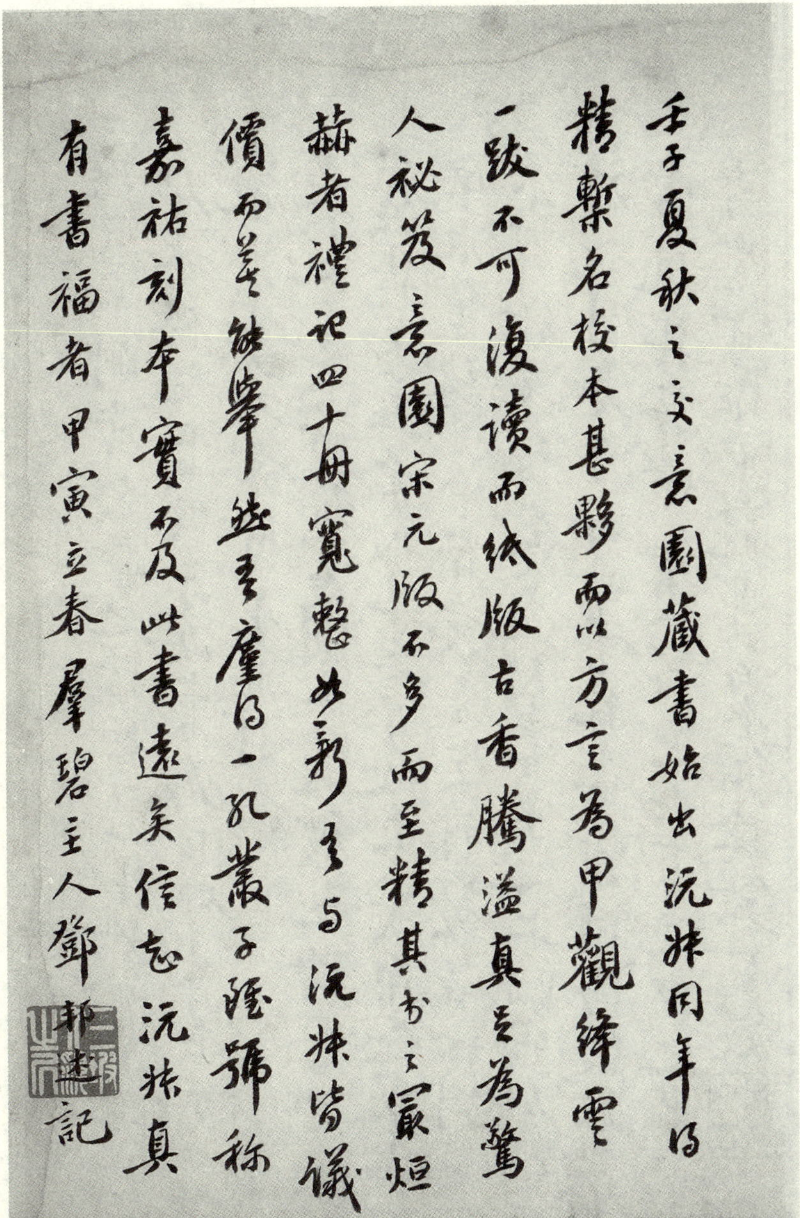
壬子夏秋之交意園藏書始出沅叔同年得
精槧名校本甚夥而以方言為甲觀絳雲
一跋不可復讀而紙版古香騰溢真足為驚
人祕笈意園宋元版不多而至精其書之最烜
赫者禮記四十冊寬整如新足與沅叔皆議
價而莫能舉然吾廉得一孔叢子題稱
嘉祐刻本實不及此書遠矣信乎沅叔真
有書福者甲寅立春羣碧主人鄧邦述記

鬱華閣藏宋槧之精整完好者推黃
唐本禮記正義与此書為巨擘自壬子
散出多入景賢手此則為
蓮趙主人所獲否則亦隨禮記諸書入
我篋矣盖景氏見予書後未幾即統舉
宋本售諸文中有黃善夫刊蘇詩汀州
本群經音辨亦盛氏書中之上駟然舍
禮記外無可与此書抗者雖同為宋本
當視其著作為次第之此書宜甲之甲
者豈可作甲觀耶　丙辰八月棘人袁克文

八經閣

江安傅氏藏宋本甲觀

夏正甲寅二月上丁

長洲章鈺記

余舊藏揚子方言正是此本而紙墨尤精

好紙是南宋樞府諸公交承啓劄翰墨

燦然於今思之更有東京夢華之感

跋見有學集四十六卷牧翁所藏想歸

天上則此本由乙而推甲矣

沅叔寶諸 蘋風拾記茗理逸寫

余所見宋本書紙墨必精此本蓋南宋非北宋也方今
舊本益稀小山所云推甲蓋有慨也甲寅五月王闓運觀

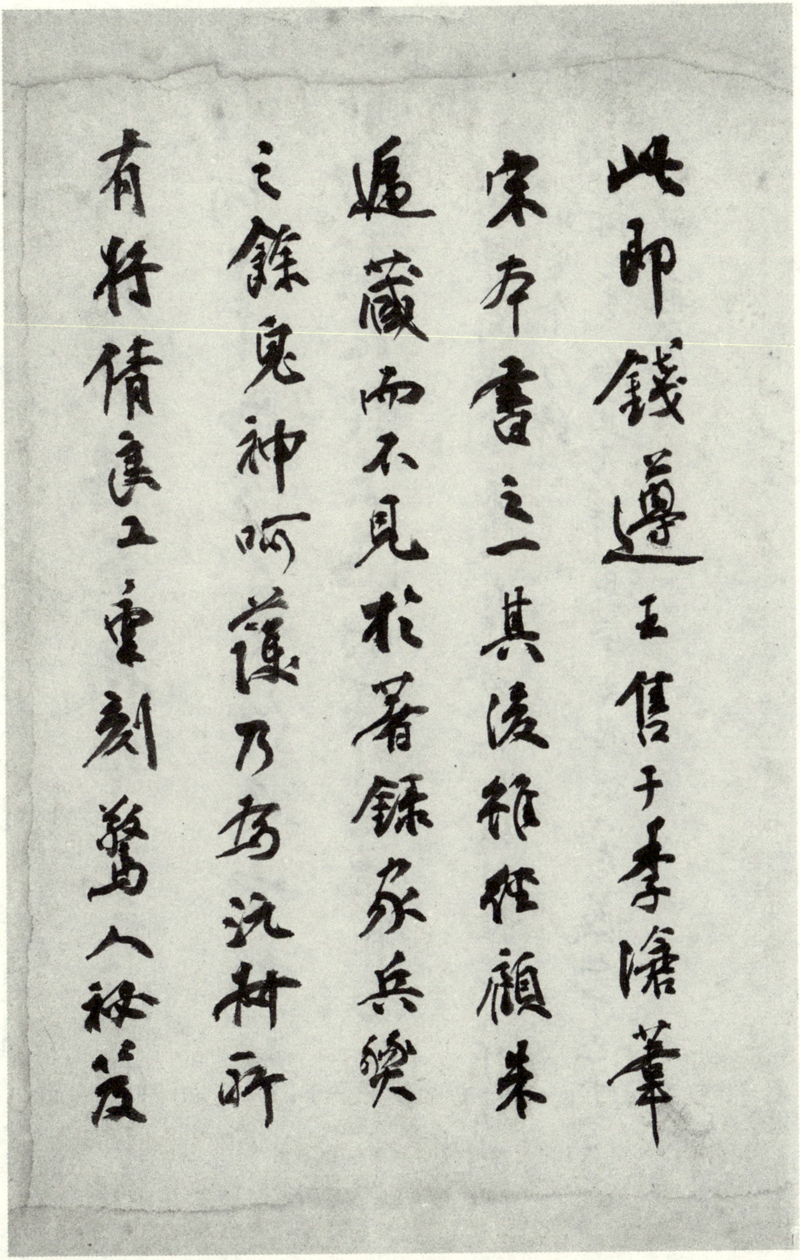

此即錢遵王售于季滄葦
宋本書之一其後雖經顧朱
遞藏而不見於著錄家兵燹
之餘鬼神呵護乃為沆耕軒
有將倩良工重刻鶩島人祿〻笈

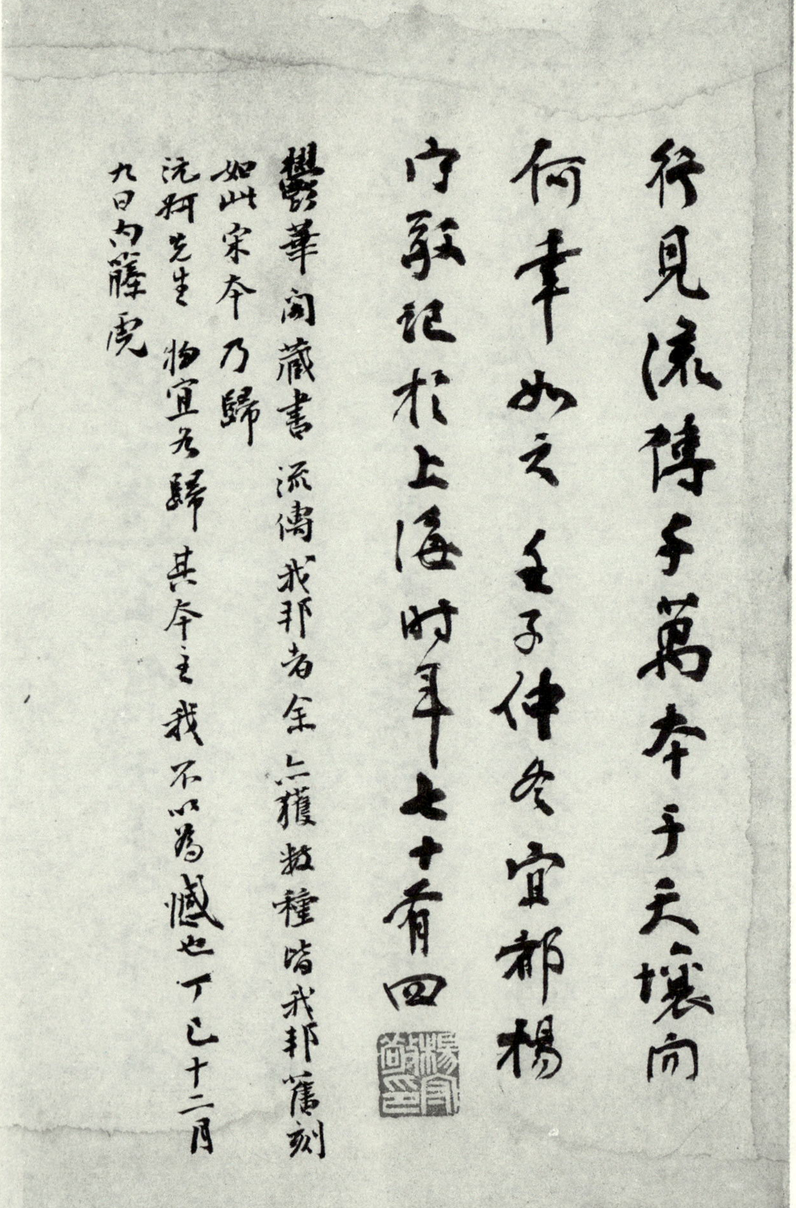

終見流傳千萬本于天壤間
何幸如之 壬子仲冬宜都楊
守敬記於上海時年七十有四

鬱華閣藏書 流傳我邦者 余亦獲數種 皆我邦舊刻
如此宋本乃歸
沅叔先生 物宜其歸 其本主 我不以為憾也 丁巳十二月
九日內藤虎

意園舊藏宋本不多而至精孝先之
言甚碻昌綬所收甲申雜記聞見近錄
已贈藝風倚松老人詩亦歸寒雲皆
宋槧宋印孤帙此更為漢代蜀賢遺
書宜沅叔奉為鎮庫重寶也
丁巳閏二月仁和吳昌綬謹志

此本與盧抱經所校李文授本殊不盡合如卷九艫艏盧校李本艫首此本仍作首卷十二饠音睞盧校李本音鬣此本仍作睞鬛歇盧校李本歇下作許竭二字此本作泄气文注中渴作竭此仍作渴皆不可解抱經所見殆景寫或傳校之本必非真本也況壯見示此書因書數語冀他日重作校記以匡盧氏之誤耳 丁巳七月盛鐸